검찰개혁은
박성오

마지막 민정수석실 선임행정관의 검찰개혁 일지

검찰개혁은
박성오

― 박성오 지음 ―

무소불위 검찰 권력
뿌리 뽑겠습니다!

비타베아타

추천의 글

민주당 검찰독재정치탄압대책위원회 기획위원장으로 분투하고 있는 저자는 문재인 정부 청와대 민정수석실에서 같이 호흡을 맞추며 일한 동지다. 정치적 신조가 분명한 사람, 일희일비하지 않고 묵묵히 맡은 바 자기 일을 완수해내는 사람, 겉과 속이 같은 사람이다. 이 책은 축산농가의 아들로 태어나 수의학과에 입학했던 저자가 어떤 이유로 정치에 뛰어들게 되었는지, '최순실 게이트'를 세상에 드러내는 데 국회에서 어떤 역할을 했는지, 문재인 정부 청와대에서 무슨 일을 했는지 담담히 그려낸다. 그리고 검찰독재가 심화되는 현실에서 저자가 어떤 의지와 계획을 갖고 싸우고 있는지 보여준다. 인간 박성오, 정치인 박성오를 알고 싶은 분에게 일독을 권한다.

― 조국(전 법무부 장관)

'검찰'이란 단어는 이제 더 이상 '공화국'이나 '독재'란 말과 어울려 다니면 안 됩니다. 박성오의 기록과 주장, 따뜻하고 공정한 세상을 향한 그의 목소리에 귀를 기울이는 이유입니다. 넘치는 힘을 주체하지 못하는 정치검찰의 불행을 이 책으로 끝낼 수 있기를 간절히 바랍니다.

박성오의 강물은 기어이 바다에 이를 것입니다.

— **최강욱**(전 국회의원)

들어가는 글

과잉된 검찰 권력,
이대로 둘 순 없다

    권력 남용! 이 네 글자는 동서양을 막론하고 수백수천 년 전부터 회자되었고 당사자와 그 부역자들의 결말은 참으로 비참했다. 그럼에도 불구하고 대한민국 현대사에서, 그리고 지금 현재도 그것은 여전히 자행되고 있다.

    하루하루 침통한 날들이 계속되고 있다. 대한민국이 무너져 내리는 느낌이다. 과거 군부독재 시대를 청산하니 이번엔 폭압적인 검부독재(檢部獨裁) 정권이 들어섰다. 촛불혁명 후 어렵게 회복한 '나라다운 나라', 정상적인 국가 시스템이 윤석열 정권에서 서서히 붕괴되고 있다는 것을 실감한다.

    검찰 출신 대한민국의 리더는 국민에게 불통을 넘어 수치스러움의 상징이 되어가고 있다. 국내에서도, 해외에서도 예전처럼 대한민국의 국민임이 자랑스럽지 않다고 말하는 이들이 늘고 있다. 문재인 정부 청와대에서 5년간 국정 운영에 참여했던 한 사람으로서 이 같은 국가 현실에 따른 자괴감은 더 크고 국민께 죄송한 마음뿐이다.

청와대에서 국정농단으로 훼손된 국정을 법과 원칙에 따라 다시 세우고, 모든 권력을 국민께 돌려드리기 위해 권력기관 간의 견제와 균형을 바로잡는 개혁을 위해 매진했던 기억이 생생하다. 그러나 이 성과마저 훼손되고 부정되는 과정을 손 놓고 보고 있기란 여간 힘든 일이 아니다.

민주주의는 사라지고, 검찰을 필두로 한 사정 권력을 국정 운영의 전면에 배치한 '검찰독재'가 대한민국을 덮쳤다. 50년 전 군부독재보다도 더 엄혹하고 더 진화한 검찰독재는 정적으로 삼는 야당만이 아니라, 대한민국의 정상적인 국가 시스템 전반에 장애를 일으키고 있다. 소수 검찰 인사들이 대통령실을 비롯해 정부 요직을 차지하면서 행정부 전체가 검찰화되어가고, '집권'이라기보다는 '장악'이라는 표현이 어울릴 정도로 검찰 국가가 되어가는 모양새다.

국회의 입법과 헌법재판소의 결정도 무시하고 수차례 시행령으로 법을 왜곡하는 법무부는 대한민국을 법치국가에서 멀어지게 하는 장본인이 되었다. 정부가 입법부와 사법부를 굴복시키려는 듯 달려들면서 헌법상 삼권분립의 취지도 무색해졌다.

검찰독재가 한 번으로 끝나지 않을 것 같다는 걱정이 엄습해온다. 과거 군부독재도 한 번으로 끝나지 않았으니까. 독점적 권력과 힘이 있는 한 모방범죄가 지속될 것이다. 검찰이 가진 과잉되고 독점적인 권력이 유지되는 한 어떤 사건이든 기획해 정적을 제거하고 검찰 스스로 기득권 지키기에 나설 것은 자명하다.

많은 이들이 피와 땀을 흘려 군부독재를 청산하고 민주주의를 실현했고, 이후 위대한 국민은 무능하고 부패한 정부를 평화적으로 탄핵했다. 이런 우리 대한민국의 역사를 후퇴시킬 수는 없다. 검찰독재를 막아내고 다시 민주주의를 바로 세워야 한다.

일찌감치 노무현 전 대통령은 검찰개혁에 시동을 걸었다. 비검찰 출신 여성 법무부 장관을 임명하고 검찰 수사에 대한 불개입 원칙을 고수했지만 정권이 바뀌자 검찰 중수부의 칼날은 노무현 대통령에게 향했다. 참여정부 당시 민정수석이었던 문재인 대통령은 저서 《문재인의 운명》에서 "민주 정부에서는 늘 한발 한발 검찰개혁의 길을 걸어왔다. 그러나 언제나 그 길은 순탄하지 않았다."고 회고했다. 하지만 문재인 정부에서도 그 길의 선두에 있던 이들은 하나같이 지금 견뎌내기 힘든 고초를 겪고 있다.

검찰독재의 근원은 과잉된 검찰 권력이다. 이런 검찰의 권력 남용이 심해질수록 결국 검찰개혁의 시간만 더 앞당길 것이다. 출범한 지 1년 반이 지났지만 우리는 망나니를 연상케 하는 검찰의 칼춤만 보았을 뿐 이 정부가 무엇을 했는지 전혀 떠오르지 않는다.

검찰독재 청산을 바라는 지금은 과잉된 검찰 권력을 정상화하는 검찰개혁의 완성이 바로 시대의 사명이라고 생각한다. 앞으로도 나는 그 길을 마다하지 않고 함께했던 동지들과 가고자 한다.

2023년 12월
동틀 무렵 아차산에서
전 민정수석실 선임행정관 박성오

차례

| 추천의 글 | • 4
| 들어가는 글 | 과잉된 검찰 권력, 이대로 둘 순 없다 • 6

1장
따뜻한 세상, 공정한 세상을 찾다

수의학과 학생이 된 축산농가 아들 • 15
밴드 동아리에서 드럼을 치던 청년 • 20
야학 교사, 불공평한 세상을 읽다 • 27
동물보호법 전부개정안 실무에도 참여 • 34

2장
내가 찾은 정의! 정치에 눈을 뜨다

발길을 정치로 옮긴 이유 • 39
최순실, 그리고 탄핵의 포문 열게 한 숨은 얼굴 • 46
문재인 전 대통령 후보 대선 캠프에 합류하다 • 55
청와대 민정수석실 일원이 되어 • 63
가슴 아팠던 그 시절의 상사, 조국 • 76
감동의 남북 정상회담, 아쉬움 남긴 부동산 정책 • 84
친인척 비리 없었던 것은 민정수석실의 성과 • 97

3장
검부독재를 막기 위한 검찰개혁의 완성은 어디인가?

우리는 왜 윤석열에게 속았는가	• 107
윤석열의 검찰, 공정했던가? 그 파란만장한 검란(檢亂)의 시작	• 115
검찰, 사정기관과의 팀플레이가 시작되다	• 125
그래서 민주당은 잘하고 있나?	• 133
미치도록 닮았다! 군부독재, 검부독재	• 139
쌍특검에 양평고속도로 특검 주가요!	• 145
검찰개혁, 끝은 어디일까?	• 154
검찰 외의 권력기관 개혁, 무엇이 더 필요한가?	• 163
공수처가 제 역할을 하기 위해서는	• 167

4장
나는 간다, '공정하고 정의로운 세상'을 향해

1년 넘게 뛴 검찰독재정치탄압대책위원회	• 175
국민 모두 자존감 커지는 세상 만들 터	• 188
공천, 현역·신인 동등한 기회 줘야	• 199
광진구의 역사, 공간, 지역자원 활용과 변화 모색	• 207

| 별첨자료 | • 214

1장
따뜻한 세상, 공정한 세상을 찾다

'내가 일반적이라고 생각했던 것들,
당연하다고 여겼던 것들이
모든 이에게 주어지는 것은 아니었구나.'라는
자각과 자성의 계기를 맞이한 셈이죠.
그제야 우리 사회의 어두운 그늘을 보고
사회문제에도 관심을 갖게 된 겁니다.

수의학과 학생이 된
축산농가 아들

Q. 고향이 충남 홍성군인데 유년기와 청소년기 성장환경이 어떠했는지, 또 '박성오'는 어떤 사람이었는지 궁금합니다.

박성오 제가 어렸을 때부터 아버지께서 축산농장을 경영했습니다. 처음에는 양돈으로 농장을 시작했는데 현재는 사슴도 키우고 한우도 사육하고 있습니다. 고향집 마당에는 늘 반려견 겸 농장을 지키는 터줏대감 강아지가 있었습니다. 그렇다 보니 동물들과 많이 접하게 되었고 자연스럽게 동물에 대한 관심이 생겨났습니다. 경영의 한 축으로 기르는 동물이었지만 뜻하지 않게 질병으로 폐사하거나 사고가 생겼을 때는 안타까움이 많았어요. 그래서인지 이미 유년 시절부터 생명 자체에 대한 존엄성을 자연스럽게 품으며 보냈던 것 같습니다.

Q. "환경이 사람을 지배한다." 이런 말도 있거든요. '축산농가'라는 성장환경이 본인으로 하여금 '나는 훗날 수의사가 되어야 하겠다.' 이런 마음을 갖게 할 수도 있었겠네요.

박성오 시골에서 살았던 사람이라면 누구나 집에서 가족처럼 키우는 동물과 각별한 사연 하나쯤은 갖고 있을 것 같은데요. 우리 강아지가 아파서 병원에 데리고 간 적이 있었는데 안타깝게도 끝내 죽었거든요. 어렸을 때의 기억이지만 그때 무척 슬펐습니다. 어린 마음에도 그 아이를 지켜주지 못한 미안함이 컸던 거죠.
부모님은 장기간 축산업을 하셨으니 암묵적으로는 자식들 가운데 누구 한 사람이라도 대학 진학 시 관련 학과에 가면 좋겠다는 뜻도 있었던 것 같습니다. 저의 고등학교 시절 학년별 학생기록부를 보면 장래 희망은 여러 가지가 있었는데 그중 하나는 꼭 수의사가 포함돼 있었어요.

Q. 대학 진학 시 결국 수의학과를 선택하셨잖아요. 어떻게 진로를 정해서 입학하게 되셨는지요?

박성오   제가 대학에 진학할 당시 입시제도는 조금 특이했었죠. 보통 대학에 진학할 때 문과에서 이과로, 이과에서 문과로 교차지원을 할 수가 있잖아요. 그런데 제가 95학번인데 1995년도 대입시험에서는 교차지원에 제한이 있었습니다. 일부 학교만 허용이 됐거든요. 저는 이과생으로 장래 희망 중 하나가 수의사이긴 했지만 사실은 가장 원하던 학과가 법학과였습니다. 이과생의 문과 지원을 허용하는 학교들이 소수였기에 결과적으로 법학과 진학은 어려운 일이었죠. 소년에서 청년으로 넘어가는 시기였던 만큼 이치에 따라 옳고 그름을 따지는 일과 법률가에 대한 동경이 자연스럽게 생겨났는데 소망했던 법학과에 진학하지 못하는 상황에 아쉬움이 많았습니다.

Q.   어렸을 때 박 위원장의 부친은 어떤 분이었습니까? 엄격하셨나요? 남다른 교육철학 같은 게 있으셨나요?

박성오   저 또한 어렸을 때는 크게 혼났던 경험도 몇 차례 있었죠. 하지만 사춘기 이후부터는 부모님 두 분 모두 제가 판단하고 결정하는 것을 존중해주고 응원해주셨습니다. 저희 시대만 해도 보통 대학 입시를 앞두고 학과나 학교를 선택할 때 부모님들의 권유나 뜻에 좌우되는 학생들이 많았어요. 하지만 저는 진로 선택은 물론이고 대부분의 선택에 있어서 제가 먼저 결정하고 그렇게 하겠다고 말씀드리면 부모님께서는 "네 뜻대로 해봐라."라고 지지해주셨습니다.

Q. 중고등학교 시절에는 어떤 학생이었습니까?

박성오 학교생활은 아주 조용한 편이었고 크게 사고를 친 적은 없었습니다. 다만 저희 집은 충남 홍성군 광천읍인데 고등학교는 조금 떨어진 홍북읍의 홍성고등학교를 다녔습니다. 지금도 버스로 한 시간 걸리는 거리인데 그때는 시간이 더 소요됐죠. 1·2학년 때는 버스를 타고 통학을 했는데 나름 통학 거리가 있다 보니 3학년 때는 공부에 쏟는 시간이 많아져서 어쩔 수 없이 하숙을 해야 했습니다. 아무래도 집에서 나와 있었으니까 학교에서는 수업에 집중했지만 야간에는 하숙집 친구들하고 어울려 보낸 시간도 좀 있었던 것 같습니다.

Q. 1970년대 태어났는데 아무래도 그 시절 농촌이라면 형제가 여럿 되지 않았나요?

박성오 그렇죠. 제가 셋째인데요. 형과 누나가 있고 저, 그리고 동생 이렇게 4남매입니다. 그 시절 농촌에서는 보통이었었죠. 농장을 하는 집에서 자란 형제들이어서 형과 저, 그리고 동생은 축산학, 수의학을 전공했고 누나는 미술을 전공했는데 지금은 다들 전공과는 전혀 다른 분야에서 활동하고 있습니다.

Q. **동생이 '의사'라는 얘기를 들었어요. 형이 수의학과를 들어갔기에 동생이 형의 영향을 받은 게 아닌가 싶기도 합니다.**

박성오   동생도 같은 학교(건국대) 같은 학과 출신으로 5년 후배입니다. 사실 저는 그 시절 동생이 저와 같은 길을 가는 것보다 새로운 분야에 관심을 가지길 바랐습니다. 그래서 동생에게 "형이 걸어가는 길만 보지 말아라. 세상은 넓고 더 다양한 길이 있으니 좀 더 폭넓게 생각하고 결정을 해봐라."라는 조언도 했습니다. 그런데도 동생이 굳이 후배로 들어오더군요. 하지만 동생은 의학전문대학원까지 마치고 지금은 수의사가 아닌 영상의학과 전문의로 활동하고 있습니다.

밴드 동아리에서
드럼을 치던 청년

Q. 보통 20대 청년기가 그 이후의 인생에 많은 영향을 미치기도 하는데요. 그래서 대학 시절을 어떻게 보냈는지 궁금합니다. 수의학과를 다녔으니 공부는 당연히 열심히 하지 않았을까 싶어요.

박성오 돌이켜보면 대학에 들어가기 전 고교 시절까지는 참 열심히 공부했습니다. 그런데 대학에 들어가서는 그렇지 못했던 것 같습니다. 그때는 왜 그랬는지 몰라도 그냥 이것저것 다 관심이 가는 그런 때였어요. 한마디로 공부 빼고는 세상 모든 것에 다 관심을 가졌던 것 같습니다. 그러니 문제가 터졌죠. 입학 시 성적으로 장학금을 받았었는데 그게 유지가 안 됐거든요. 성적 평점이 어느 정도 돼야 계속 장학금을 받을 수 있는데 1학년 1학기부터 학사경고를 받았으니 그 후로는 부연설명을 안 해도 알 만한 일이죠?

Q. 왜 그랬을까요? 대체 무엇에 관심이 쏠린 건가요?

박성오 보통 학생들이 대학에 들어가면 본인이 관심 있어 하는 동아리에 가입을 하잖아요. 제가 입학할 때만 해도 '동아리'라는 말이 일반화되지 않았고 그때는 '서클'이라고 했거든요. 기웃거리며 찾아갔던 곳이 예닐곱 군데 정도 됩니다. 그 시절은 다양한 동아리들이 많이 생겨나던 그런 시기였어요. 그래서인지 모든 동아리 선배들이 신입생 회원들을 많이 확보해야만 되는 상황이었고 서로 자기네 동아리에 입회시키려고 경쟁을 하곤 했죠.

처음에는 우연히 어느 선배의 손에 이끌려 '청진분재'라는 동아리에 가입하고 한동안 분재를 키우는 것에 빠져들기도 했어요. 그다음에는 입학 당시부터 관심이 많았던 학보사를 직접 찾아갔습니다. 어느 학교라고 할 것 없이 학보사는 시험을 치르거나 사전심사를 하는 식으로 들어가기가 까다롭거든요. 웬걸요. 그곳에서는 거절을 당했습니다.

당시만 해도 학보사에 들어가서 활동을 하다 보면 졸업하기 어렵다는 말이 나돌 정도였어요. 주로 운동권 학생들이 많이 참여하던 시대였기 때문이었죠. 공부에만 전념할 수 없는 그런 상황이니 수의학과 학생은 좀 부담스럽다는 겁니다. 굳이 원한다면 학과장의 동의를 받고 오라고 하더군요.

Q. 학보사에 들어가고 싶은 수의학과 학생이라니 주변에서 '저 친구 특이하다.'라고 생각했을 것 같습니다. 그래서 학보사에 들어가셨나요?

박성오 아닙니다. 학보사에 들어가려고 학과장님 동의를 받으려고 했지만 그게 안 돼서 결국엔 들어가지 못했죠. 아쉬운 마음에 다른 동아리들에서 조금씩 활동을 하다가 당시 저희 수의과대학에 있는 밴드에 가입했습니다. 거기서 저는 드럼을 치게 됐죠.
1년 차에는 각자 맡은 악기 연습에 집중해야 하고 2학년이 되면 '활동기수'라고 해서 무대에 올라 공연을 하는 게 룰이었어요. 2년 동안 밴드 동아리 하나에만 그야말로 푹 빠져서 활동했습니다.

Q. 음악에 꽂혔군요. 그러면 지금도 드럼을 잘 치시겠어요. 사실 '건대' 하면 유명한 그룹사운드 '옥슨80'이 있지 않습니까? 그 동아리에는 왜 도전하지 않으셨나요?

박성오 '건대 그룹사운드' 하면 예나 지금이나 1980년 TBC 제3회 젊은이의 가요제에서 〈불놀이야〉라는 노래로 금상을 수상한 옥슨(Oxen)이 정말 유명하죠. 그런데 옥슨은 중앙동아리였고 제가 활동했던 '바이러스'라는 밴드는 수의학과 밴드였어요. 옥슨하고 비슷한 시기에 만들어졌다고 합니다. 제가 바이러스 밴드 15기인데요. 두 동아리는 태생부터 조금 차이가 있어요.

옥슨은 이미 고등학교 때부터 음악을 했던 친구들이 갈 수 있는 곳이었거든요. 이를테면 옥슨은 프로들이 가는 곳이었고 제가 활동한 바이러스는 악기를 처음 접한 친구들이 가는 아마추어 집단인 셈이죠.

그 시절을 회상하면 어느새 참 많은 세월이 흘렀다는 생각이 드네요. 몸으로 배운 것은 시간이 많이 흘러도 몸이 알고 있다고 하잖아요. 그래도 2년 정도 했으니 완벽한 연주는 힘들겠지만 대충 시늉은 할 수 있지 않을까 싶네요.

Q. 같은 학교 내 밴드 동아리였지만 그런 차이가 있었군요. 90년대 학번들도 70·80학번 선배들 못지않게 신입생 시절에는 막걸리와 소주 마시면서 많은 이들과 이야기하고 그러지 않았습니까? 그 시절 동기들은 박 위원장을 어떤 친구로 기억하고 있습니까?

박성오 1·2학년은 거의 밴드 동아리 활동에 미쳐 있다고 했을 만큼 음악에 빠져 살았죠. 지금 기억을 더듬어봐도 연주 연습하고 술 마신 거 그 두 가지만 생각이 날 정도이니까요. 연습하고 무대에 올라가 정기공연도 하고 좀 유명한 공연이 있다고 하면 멤버들과 그거 보러 가고 술 마시고 그렇게 보냈죠.

사실은 제가 수의학과에 수석으로 입학을 했었는데요. 1학년 1학기 때 학사경고를 받았으니… 가볍게 아무 생각 없이 참 잘 놀았던 것 같습니다. 굳이 인간 '박성오'에 대한 동기들의 평가를 예상한다면 아마도 '그 친구는 심성이 착했던 친구.' 이럴 것 같습니다.

Q. 군 복무는 어떻게 하셨는지요. 의학과 계열은 일반 학과와는 군 입대 방식이 다르던데 수의학과는 어땠나요?

박성오 입학 당시에는 수의학과가 4년 과정이었는데 제가 3학년

재학 중이던 1997년 11월에 수의학과의 수업연한이 6년으로 연장되면서 학과 명칭도 수의학부로 변경됐습니다. 그래서 중간에 휴학하고 군 입대하는 게 불가능했어요. 그래서 연속으로 다녀야 했습니다. 다 마친 후에 군 복무를 했습니다.

본래 동아리 활동은 2학년 활동기수가 끝나면 후배들을 챙기는 식이었으니 3·4학년 때는 본격적으로 공부를 안 할 수 없었거든요. 다만 저 자신도 어찌 된 영문인지 그때는 학교 밖 활동에 관심이 생기더군요.

Q. 박 위원장 대학 입학 시기인 1990년대 중반이면 노조나 민주화 관련 학생운동이 지속되던 시절이었거든요. 당시 학생운동에 참여하신 경험이 있나요?

박성오 학생회나 운동권에 소속되어 열성적으로 활동은 하지 않았지만 밴드 동아리 활동을 할 때도 대규모 집회가 있으면 어김없이 참여했습니다. 다만 의경들에게 잡혀갈 정도로는 안 했습니다. 사실 제가 잘 도망갔습니다. 1학년 때는 선두에서 깃발을 들고 앞장서기도 했거든요. 그런데 언제가 한번은 붙잡히지 않으려고 도망치는 과정에서 너무 다급한 나머지 저도 모르게 깃발을 던지고 간 적이 있었어요. 그때 선배들로부터 절대 그래서는 안 된다고 혼났던 기억이 납니다.

야학 교사,
불공평한 세상을 읽다

Q. 야학 교사를 하셨다고 들었습니다. 당시에는 야학에 주로 운동권 학생들이 참여했는데, 어떤 계기로 참여를 하게 되었나요?

박성오 2년 동안 밴드 동아리 활동에 치우친 생활을 하다 보니 학교가 아닌 우리 사회에 대해 조금 더 넓은 세상을 들여다보고 싶다는 생각이 들더군요. 그때만 해도 학교 곳곳에 야학 교사 모집을 하는 포스터들이 많이 붙어 있었습니다.
어느 날 '강동야학'이라는 포스터가 눈에 들어왔어요. 천호동에 있는 야학이었는데 직접 전화를 걸어 무엇을 하는 곳인지 알아보고 찾아갔습니다. 선배나 친구들의 얘기를 듣고 동참하는 학생들도 적지 않았지만, 저는 누구의 권유가 아니라 스스로 관심에 이끌려 참여한 경우죠.

당시엔 야학마다 어떤 분들이 주로 학생으로 참여하는지 등에 따라 구분하는 용어들이 있었습니다. 이를테면 여기는 '노동야학', 저곳은 '생활야학' 식의 표현들입니다. 제가 활동했던 강동야학은 학생들이 다양한 편이었습니다. 노동자도 있었고, 재학 도중 개인적인 문제로 학업을 중단한 이들도 있었고요. 또 나이 어린 10대들이 있는가 하면, 그 지역에 사는 연세 많은 어르신들로 늦깎이 공부를 시작한 분들도 있었어요. 저는 야학에서 교사로 활동을 하면서 세상에 대해 눈을 뜨고 당시 사회의 현실에 대해서도 많이 배웠던 것 같습니다. 3학년부터 4학년까지 1년 반 정도 참여했습니다.

Q. 그러셨군요. 구체적으로 어떤 면면을 새롭게 보고 배웠는지 궁금합니다.

박성오 단적으로 제가 거쳐왔던 학업 과정과 제가 지녔던 보편적인 사고, 그것들이 누구에게나 똑같이 주어지는 상황이나 생각이 아니라는 사실을 깨달았습니다. 물론 그 이전에 대학 입학 후 한동안 교육환경에 대해서는 도시와 지방이 많이 다르다는 것을 실감하긴 했습니다.

저는 고등학교를 제 성적에 어느 정도 부합하는 학교로 정하고 입학시험을 봐서 진학을 했습니다. 비평준화 지역이었던 거죠. 나름 우리 지역에서는 중학교 성적이 좋아야 갈 수 있는 고등학교였어요. 하지만 서울이나 대도시는 이미 고교평준화가 된 상황이었죠. 저로서는 나름대로 지방에서 우등생들이 다니는 학교에서 공부를 잘해서 수의학과에 입학했다는 자부심 같은 게 있었어요.

하지만 학교 동기들 입학점수를 알고 보니 그들은 서울의 일반 고등학교 출신으로 공부 좀 한 친구들이었던 겁니다. 제 모교는 서울에 있는 평균 실력 정도의 학교나 다름없다는 것을 뒤늦게 알게 된 겁니다. 그때 큰 충격을 받았습니다. 서울과 지방의 교육 격차가 너무 크다는 것을 알았어요. 그와 동시에 시골에서 태어나 지방에서 학창 시절을 보내거나 그곳에서 산다는 자체가 상당히 불리한 것이며 이것은 좀 불공평하다는 생각까지 하게 됐습니다.

그런데 야학에 들어가니 그곳이야말로 평범한 환경이나 혜택조차 받지 못하고 살아온 이들이 많은 겁니다. 가정이 힘들어서 고교 진학조차도 그저 꿈에 불과했던 이들이죠. 그래서 일찍이 노동현장에서 일하거나 공장에 들어갈 수밖에 없었던 사람들을 만난 것입니다. 경제적으로 어려운 현실 속에서 배움의 기회마저 박탈당한 삶을 살아온 그들, 즉 험난한 삶을 살아왔거나 현재진행형이었던 그들을 만나면서 저 자신이 부끄러워졌습니다.

저는 고등학교에 진학하고 또 대학에 입학하는 그런 과정들이 누구에게나 적용되는 일반적인 교육과정이라고 여겼거든요. 그런 사고 속에서 서울의 학교와 고향의 학교를 비교하며 되레 '나는 불공평한 교육여건에 처해 있었다.'라는 식의 불만을 갖고 있었던 겁니다.

저 스스로 '그동안 내가 너무 이기적인 사고에 젖어 있었던 건 아닌가. 내가 일반적이라고 생각했던 것들, 당연하다고 여겼던 것들이 모든 이에게 주어지는 것은 아니었구나.'라는 자각과 자성의 계기를 맞이한 셈이죠. 그제야 우리 사회의 어두운 그늘을 보고 사회문제에도 관심을 갖게 된 겁니다.

Q. 야학에는 일주일에 몇 번이나 갔습니까? 과외가 아닌 야학은 대가 없는 순순한 봉사 활동인 셈이잖아요.

박성오 그렇죠. 자발적으로 시간을 쏟고 때로는 자기 주머니도 털어야 하는 일도 생기는 곳이죠. 수업은 일주일에 두 번이고 주말에 회의가 있었지만 특별히 다른 일이 없는 한 매일같이 가다시피 했습니다. 저희 동기 교사가 세 명이었는데 저는 처음엔 수학 한 과목만 담당했죠. 수의학과생이었기에 나중에는 생물까지 두 과목을 맡아서 수업을 진행했습니다.

당시 검정고시를 준비하는 학생들에 맞춰 수업을 했는데, 고등학교 졸업 학력의 검정고시에 대비해서 보통 1년 동안 준비하는 게 기본입니다. 야학 학생들은 낮에 일하고 피곤한 몸으로 오기 때문에 1년 만에 검정고시 준비를 다 끝내는 경우는 많지 않습니다. 1년 넘게 계속 야학에 오는 학생들도 많았습니다. 수업시간 외에도 개별적으로 내용을 여쭤보시는 이들도 많았고요. 그럼에도 불구하고 시간이 아깝다거나 힘들다는 그런 생각은 들지 않더라고요.

그때까지 살아온 제 삶을 반추해보면서 반성도 하고, 또 어려운 환경에서 공부하는 그들에게는 향후 더 나은 삶을 열어가는 데 조금이라도 힘이 되어줄 수 있는 일이라고 여겼으니까요.

Q. **어떻게 보면 본인 인생에서 중요한 영향력을 미친 사고의 전환점이 되어준 계기였겠네요. 그 시절에 가장 기억나는 학생이 있습니까?**

박성오 지금까지도 생생하게 기억나는 동생 같은 학생이 있어요. 아주 어렸을 때 노동현장에 뛰어들 수밖에 없었던 사람인데요. 일터에서 많은 폭행과 갖은 학대를 받았지만 경제적으로 너무 어렵기 때문에, 또 나이가 어렸기 때문에 누구의 도움도 받지 못하고 그저 참을 수밖에 없었던 그런 생활을 했다는 사실을 알게 됐습니다. 그 친구의 10대 소년기 얘기를 들으면서 제가 부끄러울 정도였죠. 저는 그간 순전히 제 관점에서만 세상을 보며 살았다는 것을 자각하면서 그 후로 세상을 바라보는 시각을 넓히게 되는 계기가 된 셈입니다.

우리 사회의 불평등한 구조 속에서 소외된 이웃이 참 많다는 것을 알게 됐습니다. 나, 우리 가족을 떠나 모든 이에게 현실적으로 드러난 문제들은 그들만의 문제가 아니라 우리 사회의 문제이고 그것은 '공동체'라는 전제하에 함께 풀어나가야 한다는 문제의식을 갖게 된 겁니다.

그 후 시간이 흘러 뒤늦게 알게 된 사실이지만 지금 이재명 민주당 대표도 과거 소년공 출신으로 학대도 많이 받았고 돈도 많이 떼이기도 했다는 이야기가 널리 알려지지 않았습니까? 이 대표님의 소년 시절 어려웠던 환경에 관한 이야기들을 접했을 때, 야학 시절 만난 그 동생의 얼굴과 사연이 오버랩되곤 했습니다. 그래서인지 이 대표님을 만났을 때 왠지 모를 친근감이 느껴졌어요. 야학 시절 그 친구하고 약간 비슷한 그런 느낌이 들었다고나 할까요.

동물보호법
전부개정안 실무에도 참여

Q. 학교 졸업 후 대한수의사회에서도 활동을 하셨지요. 당시 어떤 직함을 맡고 계셨습니까?

박성오   2003년에 직원으로 들어갔고 그 이후 승진 과정을 거쳐서 기획실장으로 근무하다가 2015년에 퇴직했습니다. 대략 13년 정도 일을 했습니다.

Q. 재직 시절 동물보호법 개정과 관련해서 나름대로 중요한 역할을 하셨다고 들었습니다.

박성오   동물보호법이 1991년에 제정이 되고 타법개정을 제외하고는 2007년까지는 특별한 개정이 없었습니다. 그러다 보니 2000년대 기준으로 볼 때 한참 뒤떨어지는 법이었습니다. 더욱이 2000년대 초반부터 동물보호단체들이 속속들이 생겨나면서 동물보호법 개정에 대한 사회적 요구도 커지고 있었죠. 특히 개고기 식용 문제가 쟁점으로 부각되고 또 다른 한편으로는 선진국가 중심으로 '반려동물 문화'가 확산되면서 우리 사회도 반려동물에 대한 새로운 인식과 문화가 필요하다는 목소리가 커졌거든요.

2000년대에 접어들면서 가정 내 동물이 취미나 '애완'의 목적에서 점차 동반자의 의미인 '반려'로 인식이 바뀌어가고 있었습니다. 이런 이슈들을 수렴해서 동물보호법을 전면개정하고 그 이후에는 '동물등록제' 시행까지 이어지는 과정에서 실무적으로 많이 참여했습니다. 하지만 그 과정은 쉽지 않았습니다.

2002년 9월 동물보호법 개정안을 만들어 입법예고까지 갔으나 동물보호단체 간, 단체와 정부 간 조정되지 못해 입법예고안이 철회되었어요. 그 후 2005년 10월 동물보호단체 합동안을 바탕으로 입법예고가 있었고 정부 내 입법 절차를 거쳐 2006년 9월 정부안으로 동물보호법 선부개정안을 국회에 제출해 통과됐습니다. 그리고 2008년 1월부터 시행되었습니다.

이 같은 일련의 과정에 동물보호법 개정안에 대한 난체

간의 협의, 정부 차원의 토론회, 국회에서의 공청회 등 오랜 기간의 협의와 사회적 합의의 과정이 있었습니다. 정부 차원에서는 입법을 추진해야 하다 보니 당시 농림부를 중심으로 대한수의사회나 동물보호단체들이 수차례에 걸쳐 회의를 하면서 개정안을 다듬는 과정이 있었죠. 이전 세대와 전혀 새로운 담론들이 많이 논의되었던 때라 그런 실무 과정에 참여했던 기억이 생생합니다.

2장

내가 찾은 정의!
정치에 눈을 뜨다

권력형 게이트가 없었다는 것도
문재인 정부가 여느 정권하고는 확연하게 달랐던 점입니다.
권력형 게이트가 없었다는 얘기는,
즉 비리가 없었다는 얘기잖아요.
임기 내에 그런 불편한 문제가 없었던 것은
아마도 국내에서는 문재인 정부가 최초의 정권 아닌가요?

발길을 정치로
옮긴 이유

Q. 대한수의사회에서 활동하다가 정치에 참여했거든요. 정치에 참여하게 된 어떤 특별한 계기가 있었는지, 또 어떤 활동을 했는지 궁금합니다.

박성오 정치권에 첫발을 내디딘 해가 2015년입니다. 그때가 이듬해 치르게 될 20대 국회의원 선거를 앞두고 후보들의 캠프가 구성되던 겨울이었죠. 저 스스로 백원우 전 국회의원의 총선 캠프에 자원봉사자로 들어가면서부터였어요. 정치권을 바라볼 때 저는 백원우 전 의원에 대해 '저분은 의리가 있는 사람이다.'라는 생각을 하고 있었습니다. 그 이유는 제 머릿속에 각인된 한 장면 때문이었어요. 고인이 된 노무현 전 대통령 장례식장에 이명박 전 대통령이 참석했는데 그때 강하게 항의 표시를 했습니다. 많은 이들의 뇌리에 남은 그 장면이 저에게도 특별한 기억으로 남아 있었거든요.

그런데 그 장면은 반대로 정치적 성향이 많이 다르거나 시흥 지역에 거주하는 연세 드신 분들에게는 부정적인 이미지로 남았던 것 같습니다. 의리가 있는 저분을 내가 좀 도와드려야겠다는 마음을 먹고 당시 후보의 캠프를 찾아갔죠. 그랬더니 저에게 '지역위원회 홍보국장'이라는 명함을 만들어주더군요. 캠프에서 홍보 분야 SNS를 관리하고 이런저런 홍보 업무를 담당했습니다.

Q. 그렇게 하면서 지켜본 정치 세계는 어떤 느낌으로 다가왔나요?

박성오 저에게는 아주 소중한 경험이 됐습니다. 한마디로 정치에서는 몇 점 몇 표 차이가 중요한 게 아니라 최종 결과, 그러니까 이겼느냐 졌느냐로 냉정하게 마무리된다는 것을 생생하게 보고 느꼈습니다.

솔직히 말해 모든 캠프의 스태프들은 '당연히 당선될 것이다.'라는 생각이었거든요. 저도 그런 생각으로 뛰었죠. 하지만 결과는 그야말로 안타까운 낙선이었죠. 백원우 전 의원은 2012년 19대 선거에서 202표 차이로 졌기에 20대선거에서는 당연히 이길 수 있다고 장담을 했는데 오히려 5,077표 차이로 또 낙선했습니다. 정치라는 게 참 어려운 세계라는 것도 실감했죠.

사실 저는 짧은 기간이었지만 그때 많은 것을 배웠던 것 같습니다. 백 의원님이 이 얘기를 들으면 조금 서운하실지 모르지만 저는 그때 백 의원님이 쉽게 이겼더라면 '정치 그거 되게 쉬운 거구나.' 하는 짧은 생각을 할 수도 있었을 겁니다. 하지만 기대와는 달리 낙선을 했기에 선거는 결코 내 생각이 전부가 아니고 또 아주 무섭고 힘든 과정이라는 것을 깊이 깨닫게 된 겁니다. 무엇보다도 저는 '선거는 대중 인식과의 싸움이다.'라는 논리를 찾았습니다.

Q. 낙선 후 캠프에서는 왜 졌을까? 이런 원인 분석도 좀 했을 텐데요. 박 위원장이 얻은 결론은 뭐였습니까?

박성오 사람의 마음을 얻는 과정이 큰 영향력을 미친다는 것이었죠. 아무리 후보자가 진정성이 있다 하더라도 그 진정성이 사람들한테 어떻게 받아들여지는지에 따라서 선거 결과는 좀 달라지거든요. 그리고 전략도 중요하고 캠페인 하나하나도 중요합니다. 이를테면 짧은 선거운동 기간만 잘 했다고 평가받는 게 아니라 '몇 년 동안 어떻게 활동해왔는지?', 그리고 또 그 지역만 잘한다고 되는 것도 아니고 '전체적인 선거 구도가 어떤지?' 하는 것들에 따라서 결과는 많이 달라진다는 거죠.

선거운동을 하는 기간 중 여론조사도 참고하고 현장에서 사람들의 반응을 수집해보면서 충분히 뒤집을 것 같다는 생각도 했거든요. 하지만 유권자 마음속 깊은 부분을 정확하게 읽지 못했던 것 같습니다. 아픈 만큼 성숙한다는 말처럼 당시 아픈 결과를 받아들이면서 그 과정에서 얻은 게 많았습니다.

Q. 2016년 20대 선거에서 지금의 민주당이 1당이 됐어요. 그때 박근혜 대통령의 진박 감별사 공천 논란이 있었고, 역풍이 불어 민주당이 신승을 했는데요. 하지만 박 위원장은 참여했던 캠프가 낙선으로 끝이 났는데도 정치 쪽에서 발길을 돌리지 않았어요.

박성오 네, 우리가 살다 보면 선택은 늘 둘 중 하나인 경우가 많죠. 저로서는 당시 정치에 부담을 느끼고 다시 제가 원래 있던 대한수의사회 등 수의사 쪽으로 다시 가느냐, 아니면 정치 쪽에서 본격적으로 일을 해볼 것이냐? 이 중 한 길을 택해야 했어요. 아무래도 정치의 길을 걸어가는 게 저의 운명이었나 봅니다. 그 무렵 지인과의 술자리가 있었는데 그분이 당시 당선자였던 오영훈 의원(현 제주특별자치도지사) 쪽으로 다리를 놓아주셨죠.

저는 전혀 생각지도 못했던 일이었어요. 저와는 전혀 무관했던 다른 지역에서 당선된 초선 의원이잖아요. 서로 안면이 있는 사이도 아니거든요. 그런데 지인이 저에게는 사전에 얘기도 하지 않고 의원님께 이런 사람이 있다고 추천을 했다는 겁니다. 그러자 의원님이 '같이 일해보면 좋겠다.'라고 했고 그 후 면접처럼 오영훈 의원님을 만나게 된 게 비서관으로 이어지는 인연이 됐습니다. 제주에서 의원님이 서울로 올라올 때마다 한동안 같이 움직이면서 자연스럽게 보좌진 중 한 사람이 된 겁니다.

Q. 오영훈 의원은 당시 20대 국회의원 선거에서 초선으로 당선됐지요. 그분은 당선자 신분이었고 한국 정치 상황은 그야말로 격변의 시기였습니다. 그때 어떤 일을 하셨습니까?

박성오   오영훈 의원님은 초선이었기 때문에 1호 법안으로 어떤 걸 낼지 고민을 많이 하셨죠. 뭔가 좀 의미 있는 법안을 내고 싶다는 그런 입장이었습니다. 당시 민주당에는 여러 TF가 있었는데 그중엔 '사교육 TF'도 있었습니다. 늘 이슈가 돼온 문제이지만 그 무렵 정치권에서도 사교육 문제에 대해 고민을 하고 문제를 해결해보자는 의견들이 있었습니다. 사교육 TF에서 오 의원님이 간사 역할을 맡게 됐거든요.

의원님이 당의 입장을 참고해 관련 법안을 내보자는 제안을 했고 보좌진들과 함께 머리를 맞대고 논의한 결과 2016년 9월 '학력·출신학교 차별금지 및 권리구제 등에 관한 법률안'을 재정법 1호 법안으로 냈습니다. 당시 이 법안 발의 관련 기자회견도 진행하면서 이슈화됐습니다. 우리 사회 곳곳에 만연해 있는 학벌주의를 척결하고 학부모들의 사교육 고통을 경감시키기 위해 제정안을 발의한 거죠.

예나 지금이나 학력·학벌주의 때문에 사교육이 근절되지 않거든요. 게다가 우리 사회에서 학력보다 더 중요한 것은 학벌이라는 인식이 여전히 지배적이잖아요. 어느 학교 어느 대학을 나왔냐 하는 이런 것들이 평생 꼬리표처럼 따라다니며 영향을 미치기 때문에 취업 같은 경우 응시 서류에 '학교란'을 아예 빼버리자는 것이었죠.

Q. 공기업에서 연구직이라든지 불가피하게 전공이 뭔지를 확인해야 하는 그런 경우를 제외하고는 그냥 그 사람을 보고 뽑자는

취지로 적용하고 있는 블라인드 채용하고도 좀 비슷한데요. 그것을 사회 전반으로 확산시키자는 취지로 재정법안을 냈다는 거죠? 그래서 그게 통과됐나요?

박성오 안타깝게도 통과되지 못했습니다. 당시에는 일단 교육부에서부터 그게 조금 받아들이기 어렵다는 반대 입장을 냈습니다. 더욱이 그때는 박근혜 정부 시절이었고 우리는 야당이었으니까요. 그러나 오 의원님은 포기하지 않고 지난해 1월 다시 이 제정안을 발의했습니다. 합리적 이유 없는 학력·출신학교 우대 혹은 배제행위를 금지하고 고용노동부가 주무 부처가 되는 '고용에서의 학력·출신학교 차별금지 및 권리구제 등에 관한 법률안'입니다. 해당 법안은 아직 제21대 국회에 계류 중인 상태입니다.

최순실, 그리고
탄핵의 포문 열게 한 숨은 얼굴

Q. 20대 때 오 의원님이 국회 교육문화체육관광위원회 소속이었군요. 2016년에 문화부와 체육부 관련해서 엄청난 사건이 터졌죠. 이슈의 중심에 있으셨네요.

박성오 네, 그렇습니다. 오영훈 의원께서 교문위 활동을 시작하면서 첫 전체회의가 열렸던 게 추경예산 심의였는데요. 그런데 예산과 관련된 것은 하나도 써드리지 못하고 다른 질의서를 써드렸어요. 그때 막 기사가 나기 시작했던 이슈였지요. 바로 미르재단과 K스포츠재단 건이었습니다.

미르재단과 K스포츠재단은 다 문체부에서 허가를 받은 법인들입니다. 교문위 소속으로 문화 분야와 직결되거든요. 그런데 이거야말로 정말 잘한 일이었고 또 대단히 의

| 2016년 오영훈 의원실 근무 시절

미 있는 일이었습니다. 그 이후에 미르재단과 K스포츠재단이 최순실과 연결됐다는 게 언론을 통해 터져 나오면서 이른바 '최순실게이트'로 확장되고 박근혜 전 대통령 탄핵까지 끌고 간 시발점 역할을 했으니까요.

Q. 그렇군요. 탄핵의 출발점에 미르재단과 K스포츠재단의 문제점이 있던 게 맞죠. 그것을 오 의원님이 파헤친 겁니까? 초반에는 그 부분에서 당시 비서관이었던 박 위원이 적극적으로 그 역할을 하신 거군요. 다시 정리해보면 박 위원의 질의서 작성이 대사건의 포문을 열고 오영훈 의원이 그렇게 문체부 상대로 질의한 겁니까?

박성오 그때 제가 미르재단과 K스포츠재단에 문제가 있다고 판단한 것은 2015년 법인 인가 과정에 문제가 있다는 것을 발견한 게 중요한 단서가 됐습니다. 통상적으로 비영리법인 인가를 해줄 때는 주무 부처에서 어느 정도 검토 기간이 있습니다. 그런데 이 두 법인은 거의 당일 또는 다음 날 허가가 났고 그다음에 기획재정부가 마치 기다리고 있었다는 듯이 지정기부금 단체로 인정을 해주는 그런 식이었어요.

보통 새로운 비영리법인이 만들어지면 바로 지정기부금

단체로 인가받기는 어렵습니다. 어느 정도 활동을 하고 사회적으로 인정을 받고 난 후에 기재부에 요청하면 심사를 통해 지정기부금 단체로 승인을 해줍니다. 하지만 이 두 단체는 법인 인가도 당일 또는 하루 만에 났습니다. 신생 법인인데도 불구하고 불과 한두 달 만에 지정기부금 단체가 됐습니다. 그리고 한두 달 만에 대기업으로부터 그때 774억 원 정도 돈을 후원받게 됩니다.

상식적으로 볼 때 이건 분명히 문제가 있는 거죠. 하루 만에 법인 인가가 나고 신생 법인이 지정기부금 단체가 되고 곧바로 대기업들이 몇백억 원의 돈을 후원했다는 것, 이것은 도저히 납득이 되지 않는 일이죠. 그러니 냄새가 나는 겁니다. '이거 이상하다.' 이런 촉이 작동한 거죠. 그래서 그 과정을 적극적으로 파헤치게 된 것입니다.

Q. 엄청난 일을 벌이신 거군요. 누구 제보도 없이 그렇게 한 건가요?

박성오 2016년 7월 말 미르재단과 K스포츠재단에 대한 기사가 TV조선에서 맨 처음에 나왔습니다. 그때는 깊이 있는 그런 내용이 아니라 단신 기사로 이러이러한 재단이 생겼다는 식으로 짧게 나왔었습니다. 당시 다른 언론도 여기에 큰 관심이 없었고 야당인 민주당에서도 보좌진들이 그다지 관심을 갖지 않았습니다.

저는 시각이 좀 달랐어요. 매체를 떠나서 내용을 보니 이것은 적극적으로 파봐야 한다고 생각되어 집중하게 됐죠. 문체부에 자료도 요청하고 받은 자료들을 가지고 분석도 좀 해봤습니다. 확실히 문제가 있다는 판단이 서서 당시 교문위에 있던 의원님 보좌진들한테 같이 움직여보자고 제안했더니 다들 동참해주었습니다.

문체부로부터 받은 자료에서 문제점들을 꺼내 정리하고 그들과 공유했습니다. 워낙 큰 건이라서 우리 의원실 혼자서 하기에는 버겁다는 생각과 함께, 이건 어떤 의원 개인의 성과를 바라볼 일이 아니라 당 전체적으로 역량이 투입되어 반드시 파헤쳐야 하는 문제라는 결론을 내렸기 때문입니다. 그랬더니 오 의원님 외의 다른 의원들도 자연스럽게 힘을 합하는 식이 된 겁니다.

Q. 그게 굉장히 중요한 포인트였네요. 왜냐하면 상임위 차원에서 질문할 때 같은 위원회 의원들이라도 제각각 이슈가 분산되면 언론이 어떤 이슈를 메인으로 올릴지 이런 게 고민이 될 수 있는데 그럴 필요 없이 하나로 통일된 거죠.

박성오 맞습니다. 다수의 의원이 동시다발적으로 그 문제를 파헤치면 이게 핫이슈로 떠오를 수밖에 없거든요. 그걸 염두에 두고 그렇게 공동작전을 편 셈이죠. 실제로도 워낙 문제가 많고 결국은 그 정도의 자금을 대기업에서 일사불란하게 모아줬다는 것은 그 이면에 큰 힘이 작동됐을 거라는 그런 의문을 갖게 된 거죠.

통상적으로 의원들이 의정활동을 할 때는 좀 더 뜨기 위해 각자 열정을 불사르며 경쟁적으로 합니다. 보좌진들로서는 당연히 좋은 아이템이 있으면 가급적 자기 의원이 그걸 가지고 질의할 수 있도록 하죠. 그런데 이 건만큼은 각개전투식보다는 다 같이 참여해서 정확하게 밝혀내는 게 더 중요하다는 판단을 내리고 진행한 것입니다. 지금 생각해봐도 잘한 일이라는 생각에 뿌듯합니다.

Q. 그런데 그 당시 최순실 씨에 대한 정보가 있었습니까? 아니면 '최순실'이라는 이름이 약간 나오기 시작할 때였습니까?

박성오 그런 얘기도 조금씩 들리기 시작하긴 했지만 앞에서 말했듯이 무엇보다도 그 정도의 큰돈을 대기업들로부터 이끌어낸 것은 누군가 거대한 힘이 뒤에서 받쳐주었을 것이라는 직감이 있었죠. 바로 권력의 핵심이 작동했을 거라는 예측이 선 것입니다. 쉽게 말하면 청와대가 움직이지 않는 이상 기업들이 그렇게 큰돈을 내놓지는 않을 것이라는 느낌이 들었어요. 그러면서 조금 적극적으로 기자들하고 자료들을 공유하기도 하고 또 제보를 받기도 하는 과정에서 최순실 씨 얘기도 접하게 됐습니다.

Q. **시간이 지나면서 신문 1면에 최순실 씨와 관련된 대대적인 보도가 있었던 것으로 기억됩니다. 이 건과 관련해서도 알려지지 않은 에피소드 같은 게 있었을 것 같아요.**

박성오   제가 미르재단과 K스포츠재단에 대해 교문위 문체부를 담당했던 의원실 보좌관들에게 함께 캐보자고 할 당시 사실은 제가 알고 있는 언론사 기자들에게도 제안을 했습니다. 그런데 초기에는 대부분 관심이 없더군요. 유일하게 한겨레신문사에선 관심을 가지고 협력을 했습니다. 저에게 확보되는 자료들이 있으면 신문사 측에 최대한 제공을 하고 신문사에서도 아는 기자들이 쓸 만한 자료나 정보 또는 풍문이 있으면 저에게 공유를 해줬습니다. 그 과정에서 어쨌든 K스포츠재단 이사장과 최순실 씨가 직접적으로 연관이 있다는 기사가 2016년 9월 20일자 〈한겨레신문〉 1면에 실리게 된 겁니다. '대기업 돈 288억 걷은 K스포츠재단 이사장은 최순실 단골 마사지 센터장', 이게 당시 헤드라인이었죠. 사실 그날부터 모든 언론사가 '최순실'을 주목하기 시작했고 신문사마다 전담팀을 만들어서 경쟁적으로 취재를 시작했습니다.

Q. 박 위원장과 한겨레신문사 기자들의 긴밀한 공조가 어떻게 보면 최순실 사건과 탄핵의 도화선이 된 측면이 있었네요.

박성오 '최순실' 하면 많은 사람이 JTBC의 태블릿PC를 기억합니다. 하지만 실제로는 그 태블릿PC가 나오기 이미 한 달 전에 〈한겨레신문〉에 최순실 관련 기사가 나왔습니다. 제가 들었던 바로는 그 〈한겨레신문〉 1면에 최순실 씨 뉴스가 나간 그날부터 JTBC도 전담팀을 꾸리고 적극적으로 취재를 해서 그 이후 한 달쯤 후에 그 태블릿PC 보도를 한 것으로 기억합니다.

Q. 〈한겨레신문〉에 나오기 전 문체위 상임위 질의 과정에서 K스포츠재단과 미르재단 문제를 오영훈 의원실을 주축으로 문체위 민주당 의원들이 포문을 열었던 것이 매우 중요했다고 볼 수 있겠네요. 그게 탄핵의 시발점이 되었고 거기에 '박성오'라는 숨은 조력자가 있었다는 거죠?

2장 내가 찾은 정의! 정치에 눈을 뜨다

박성오 정치권에 있는 분들은 다 아는 사실인데요. 어떤 기사든 자세히 들여다보면 그 기사 건에 대해 협력했던 의원들 인터뷰를 기사 끝에 꼭 넣어줍니다. 그래서 당시 K스포츠재단과 미르재단 얘기와 최순실 씨 관련 〈한겨레신문〉 1면 기사 맨 뒤를 보면 오영훈 의원님 멘트가 있는데 기자들은 '이거 오영훈 의원실에서 작업을 한 거구나.'라고 쉽게 알아차리죠.

그날 기자들한테 전화를 300여 통은 받은 것 같습니다. 의원실로 전화가 걸려왔는데 담당이 누구냐고 해서 제가 직접 대응을 했죠. 정말 엄청나게 많은 전화를 받았어요. 그리고 바로 그날 오후에 오영훈 의원님도 JTBC와 인터뷰를 했고요.

그때는 정말 정신을 못 차릴 정도로 바빴어요. 그다음 날 CBS라디오, MBC라디오 인터뷰가 잡히고 그랬어요. 어떻게 보면 그때가 오영훈 의원님을 알리는 절호의 계기가 되기도 했죠. 그 후로 국정농단 사태가 많은 국민들의 공분을 자아냈고 결국은 촛불 집회가 열리고 탄핵으로 이어진 겁니다.

문재인 전 대통령 후보
대선 캠프에 합류하다

Q. 대선 국면으로 접어들면서 문재인 캠프에 합류를 하게 됐다면서요. 캠프로부터 어떤 요청사항이 왔었습니까?

박성오 "하나를 가지면 열을 얻고 싶어 한다."는 말로 한도 끝도 없는 게 사람 욕심이라고 꼬집기도 하는데요. 사실 저는 개인적인 욕심이나 욕망을 앞세워 대선 캠프에 접근할 정도로 정치적 갈망이나 명예욕이 강한 사람은 아니었습니다. 다만 국회의원 선거를 경험했으니 기회가 주어진다면 더 큰 선거를 경험해보고 싶다는 생각은 있었어요.

2017년 1월 경선 캠프가 본격적으로 가동되면서 상황실을 구성하게 됐던 것 같습니다. 그때 강기정 의원님이 상황실장을 맡았는데 백원우 전 의원께서 저를 소개하면서 상황실 운영 계획서를 작성하고 자연스럽게 상황실 초기 맴버로 합류했습니다. 물론 오 의원님께는 사전에 제 뜻을 말씀드려 허락을 받았지요. 경선 시기에 상황실에 있다가 본선 시기에는 선대본부 상황본부에서 활동했습니다.

Q. 대선에서 일을 해보면 총선 때와는 또 많이 다르지 않던가요? 대선 캠프는 어떠했나요?

박성오 지역 선거에서는 사람 한 명 한 명에 집중하고 또 그 지역 내 단체나 모임을 주목하고 선거 활동을 하는데요. 대선 캠프에서는 그 대상이 특정 지역민이 아니고 국민 전체이다 보니 개개인의 바람이나 의견 또는 지역사회의 소소한 문제를 떠나서 국민 전체를 대상으로 국정 전반에 걸쳐 요구되는 이슈가 무엇이고, 앞으로 어떻게 추진돼야 하는가에 대한 큰 마스터플랜을 고민하고 제시해야 합니다. 정치의 시각이 지역에서 전체로 확대되는 경험을 했던 것 같습니다.

Q. 당시 문재인 대선 후보를 직접 뵌 적이 있습니까? 캠프에서 일한다고 해도 얼굴 마주할 기회가 그리 많진 않을 것 같은데요.

박성오   맞습니다. 대선 캠프에 있다고 해도 후보를 직접 뵙기는 쉽지 않은 게 사실입니다. 워낙 많은 자원봉사자가 움직이는 데다 후보 또한 누구 한 사람 한 사람 개인과의 소통은 어렵거든요. 당연히 개인적으로 이야기를 나눌 기회는 거의 없죠. 더욱이 현역 의원들이나 중진 의원들이 각 본부마다 본부장을 맡고 있기 때문에 후보와의 회의에 실무진으로 참여하기가 쉽지는 않습니다. 다만 가끔 후보가 캠프 여기저기 둘러보면서 고생하는 자원봉사자에게 고마움과 감사의 인사를 표시하곤 했어요. 그럴 때 몇 번 뵈었습니다.

Q.   **문재인 대선 후보에 대한 이미지나 생각은 어땠습니까? 평소 내가 생각했던 문재인 후보는 이러이러한 분 같았는데 막상 가까이서 지켜보니 다르더라. 그런 느낌이 있었나요?**

박성오   문 전 대통령은 강직해 보이는 이미지가 있어서 처음에는 좀 차갑게 느껴질 수도 있습니다. 그래서인지 문재인 후보를 지켜보거나 만났던 일반인 중에는 생각했던 것보다 친근감 있게 대해주지 않는다고 말하는 분들도 좀 있었고, 첫인상이 좀 차가워 보인다는 사람들도 있었어요. 하지만 제가 받은 느낌은 조금 달랐습니다.

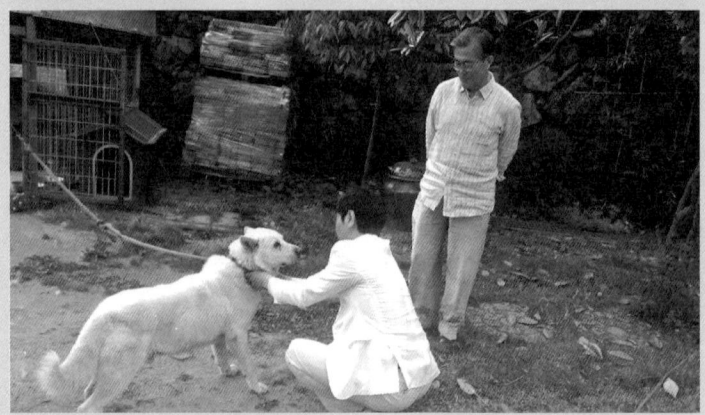

| 2016년 5월 문재인 전 민주당 대표 양산시 매곡동 사저에서

사실 캠프 활동이 있기 전에 저는 문 전 대통령을 사저에서 뵌 적이 있었거든요. 인사를 드리러 가게 되는 계기가 있어서 그때 뵈었죠. 첫 대면이었는데 손을 잡고 한 3초간 제 눈을 지그시 바라봐 주셨어요. 짧은 아이컨택(eye-contact)이었다고 할까요? 그 순간 그냥 신뢰감 그 이상의 느낌이 왔었죠. 첫인상에서 푸근하고 인간적이라는 느낌을 강하게 받았습니다. 사실 저도 그 이전에는 조금은 차가운 분 아닐까 하는 선입견이 있었거든요.

Q. 첫인상은 정말 중요하고 또 오래가죠. 그때 '저분이 표현은 그렇게 안 할지 몰라도 굉장히 따뜻한 분이구나.' 그런 생각을 가지셨군요. 대선 과정에서는 일하는 데 큰 어려움이 없었습니까?

박성오 탄핵과 맞물려서 치러진 대선이었기 때문에 결과에 대해서는 크게 걱정할 일은 아니었습니다. 당시 상황이 승패에 연연하지 않아도 이미 판이 기울어졌기 때문에 긴장감이 크거나 그렇지는 않았던 것 같습니다. 다만 그렇기 때문에 더욱 자만하지 말고 성실하게 차근차근 잘 준비해 실수를 하지 말자는 그런 분위기였습니다. 캠프 내 모든 사람이 그런 자세와 각오로 움직였고요.

Q. 2016~2017년 촛불 집회가 어마어마했죠. 많은 국민이 거리로 나왔는데 그 현장도 가보셨나요?

박성오 네, 거의 빠지지 않고 갔었죠. 아시다시피 그때 '이게 나라냐?'라고 국민이 질타하면서 '나라를 이렇게 좀 바꾸자.'라는 식의 사회개혁에 대한 다양한 요구가 분출됐거든요.

Q. 그때 캠프의 일원으로서 부담이 생기거나 그렇지는 않던가요? 문재인 대선 후보의 승리 가능성이 매우 높았던 만큼 정권을 잡으면 저런 요구들을 잘 수렴해야 할 텐데 하는 생각도 들었을 법하거든요.

박성오 집회에 갔을 때 저는 조금 색다른 느낌을 받았어요. 일명 '최순실게이트'에 대한 국민들의 분노가 표출된 거였잖아요. 먼저 제가 관심을 갖고 제기했던 미르와 K스포츠재단 문제가 그 시발점이 됐던 게 사실이었고요. 계곡물이 흘러가면서 또 다른 물과 만나 강물이 되고 그게 바다로 향하듯 작은 시작이 이렇게 커졌다는 것을 실감했죠. 한편으로는 참 신기하기도 했고 1987년 민주화 항쟁이 오버랩되는 그런 순간이기도 했어요.

또 기억나는 것이 당시 촛불 집회는 전 세계에 비폭력 평

2017년 민주당 대선 경선 당시 문재인 캠프 상황실 동료들과 함께

화혁명으로 알려지기도 했거든요. 그 과정을 지켜보면서 우리 사회의 시민의식이 또 한 단계 성장하고 업그레이드 되는 과정이라는 생각이 들었어요. 그렇다면 새 정부는 국민께 충분히 보답해야 한다고 여겼지요. 국민의 성숙한 눈높이에 맞는 정치, 국정 운영을 하려면 과거와는 분명한 변화가 필수라는 생각을 하지 않을 수가 없었어요. 그래서 어느 정도 부담감도 생겼던 것 같습니다.

Q. 어떻게 보면 촛불 집회가 그 당시에는 약간 축제 같은 느낌도 있었어요. 이를테면 '국민이 이겼다.', '오만한 권력자를 탄핵시킬 수 있다.'라는 그런 상황이었거든요. 새로운 세상에 대한 국민들의 뜨거운 열망이 터져 나온 그런 분위기였습니다.

박성오 맞습니다. 새로운 세상을 향한 국민들의 갈망과 기대감이 동시에 뿜어져 나오면서 거대한 축제 한마당이었죠. 그런데 또 주목받은 게 그 많은 시민이 모였어도 쓰레기 문제가 없었다는 거예요. 외신들이 하나같이 대한민국을 새롭게 봤다고 칭찬했던 기억이 다시 떠오릅니다.

청와대
민정수석실 일원이 되어

Q. 청와대에서는 언제부터 근무했고, 처음에는 어떤 부서에 있었습니까?

박성오 2017년 6월부터 근무했습니다. 처음에는 정무기획비서관실의 행정관으로 들어가서 국정과제 중 하나이자 주요 대선 공약이었던 개헌 실무를 담당했습니다. 국정기획위원회를 통해 별도 TF를 만들고 다양한 분야의 국민 의견을 수렴해서 초안을 만들었죠.

그것을 대봉령께 선날하고 그 과정에서 일부 수정을 거친 후 최종적으로 대통령께서 대통령 발의안으로 국회에 제출했습니다. 물론 법률가들이 참여해서 조문화 작업도 많이 했습니다.

일반인 중 헌법을 그렇게 열심히 읽어보는 사람들이 많지 않습니다. 실제로 헌법을 보면 조항이 몇 개 없어요. 맘먹고 읽으면 한 시간도 채 안 걸립니다. 그런데 사람들이 '헌법' 하면 매우 두꺼운 책으로 돼 있을 것 같고 많은 내용이 담겨 있을 거라는 선입견이 있습니다. 그러다 보니 헌법을 접할 엄두를 못 내는 겁니다.

당시 헌법 내용을 계속 보고 다루고 실무에 참여하면서 국가의 체계 운영의 기본 원리는 헌법에 다 녹아들어 있다는 것도 뒤늦게 알게 됐습니다.

Q. **실무를 하면서 헌법을 어떻게 바꾸는 것이 국가를 어떻게 바꾸고 또 어떻게 운영하는가에 대한 근간이 된다는 것을 터득하셨군요.**

박성오   네, 실무를 통해 익히고 배웠습니다. 헌법에 실리는 각 조항의 일부 내용과 관련해 제가 적극적으로 의견을 냈던 것도 있었죠. 여하튼 그런 과정을 잘 마무리해서 개헌안을 국회에 제출하는 것까지 마무리 지었거든요. 일단 후보 시절 국민들과 했던 약속은 지켰다는 안도감과 만족감을 동시에 가질 수 있었어요. 하지만 당시 야당이었던 자유한국당이 거부해 대통령께서 발의 제출한 개헌안이 본회의에서 투표 불성립으로 끝났습니다. 야당 의원들이 전원 불참한 결과죠.

지금 생각해봐도 사실 그때가 개헌의 적기였습니다. 대통령의 의지뿐만 아니라 국민들 또한 국민 기본권 강화, 권력구조 개편, 지역 균형발전 등등의 요구들이 가시화돼 있던 상황이었거든요. 지금 생각해보면 가장 아쉬운 부분은 대한민국 헌법에서 '검사'의 용어를 지우고 영장청구권을 법률로 정하도록 한 내용까지 포함되었던 그 개정안이 통과되었더라면 지금 훨씬 더 진전된 검찰개혁이 추진되었을 것이라는 점입니다.

(참고: 별첨자료 2018년 3월 26일 제출한 헌법 개정안 중 제안 이유와 주요 내용)

Q. 정무기획비서관실에서 그다음에는 어디로 옮겼습니까?

박성오 정무기획비서관실에 1년 조금 넘게 근무한 후 2018년 8월부터는 민정수석실에 근무하게 됐습니다. 거기서 4년 가까이 일을 한 셈이죠.

Q. 그때부터 문재인 정부 끝나는 날까지 계속 민정수석실에만 있었습니다. 그런 경우가 쉽지 않다고 하던데요. 특히 민정수석실은

많은 사람이 가고 싶어 하는 부서 중 하나라고 하잖아요. 당시 수석이 조국 전 장관 아니었나요?

박성오 그렇죠. 처음에 갔을 때는 조국 수석님이 계셨습니다. 문재인 정부 첫 민정수석이었고 저는 뒤늦게 합류를 한 셈이죠. 에피소드 같은 얘기이지만 조국 수석을 본 첫 느낌은 그냥 연예인 같았습니다. 워낙 미남인 데다 순정만화에 나오는 남자 주인공처럼 깔끔하고 순수해 보여서 민정수석실 수장의 이미지로서는 현실감이 좀 떨어진다는 그런 느낌도 들었습니다.

그런데 그건 저만의 착각 내지는 선입견이었죠. 함께 일을 해보니 전혀 다르더라고요. 판단이 매우 빠릅니다. 무엇이든 결단력이 빠르니까 뒤로 미루지 않고 바로바로 결정하고 추진합니다. 결단력과 추진력이 매우 강한 분이었습니다.

Q. 결단력과 추진력이 강한 것은 장점이 되기도 하지만 자칫 판단을 잘못하면 그게 잘못된 방향으로 흘러갈 수도 있지 않나요? 그래서 빠른 판단에는 합리적인 면이 절대적으로 필요하고 그래야 오판이나 실수가 줄어들 텐데요.

박성오 그런 우려는 하지 않아도 되는 상황이었다고 봅니다. 당시 민정수석실이 추진해야 할 가장 큰 과제는 권력기관의 개혁이었습니다. 검찰, 경찰, 국정원, 기무사 이 4개 기관이 대표적인 곳들이었죠. 개혁은 각 기관의 자체적인 개혁도 가능하지만 당시로서는 무엇보다도 구조적인 개혁이 중요했습니다. 그러니 제도적인 틀을 만들어서 기존의 불공정하고 불합리한 시스템을 바꿔버리는 개혁이 필요했던 만큼 구체적인 개혁 방안들을 마련해야 했죠.

촛불의 민심이 요구했던 가장 큰 하나가 '적폐청산'이었거든요. 권력기구들의 비정상적인 형태를 정상화시키려면 뭔가 제도 개선을 해야 했는데 그 과제를 민정수석실이 전담하고 있었던 거죠.

사실 민정수석실의 이런 개혁 준비는 누가 봐도 공감을 얻을 수 있는 일이었거든요. 권력이 과하게 집중된 곳은 다른 기관으로 양분화시키고 기관 간 상호 견제와 균형을 유지하면서도 적절한 관계를 이어갈 수 있게 하는 것이었으니까요. 또 공수처 같은 새로운 기관을 신설해야 하는 과제도 있었고요.

이러한 큰 방향성에 대해서는 기관들도 대부분 동의했기 때문에 사실상 결론은 정해졌고 그걸 어떻게 적극적으로 추진하느냐의 문제만 남아 있었던 상황이었습니다.

Q. 개혁을 시도하면 저항이 있기 마련 아닐까요? 권력기구로서는 청와대가 힘이 세니까 마지막에는 어쩔 수 없이 하겠지만, 일단 가능한 선에서 대충 넘어가려고 한다든가, 아니면 타협을 시도 한다든가 이런 건 없었습니까?

박성오 대상 기관들이 국민의 뜻을 받아서 결정된 개혁 방안에 대해서는 대부분 수용하는 수순이었습니다. 다만 개혁의 필요성에 공감은 하면서도 어떻게 해서든 본인들의 변화를 최소화하고자 자구적 노력을 했고 이 부분은 충분히 그럴 수도 있다고 보는 사안이었죠. 하지만 강렬하게 저항을 한 곳이 있었어요. 바로 검찰이었습니다.

검찰의 저항은 훗날 엄청난 파장을 몰고 왔어요. 결국 한 사람과 그 가족에 대한 무참한 공격이나 다름없는 수사로 이어졌죠. 바로 그 희생양이 조국 수석이었고 지금도 현재 진행형 아닙니까? 권력기관을 개혁하려면 손에 피를 묻히지 않고서는 어렵다는 말이 새삼 떠오릅니다. 검찰은 개혁 초기 그때부터 조국 수석에 대해 불편한 심기가 있었고 그게 계속 누적이 되고 보복 수사로 진행되면서 결국엔 돌이킬 수 없는 결과를 초래한 겁니다.

Q. 조국 전 장관이 직업 정치인으로서 국회의원이라든가 이런 선출

직에 나섰으면 좋겠다는 생각이 드십니까? 또 그런 자질이 있다고 보시는지요.

박성오   제 개인적으로 조국 수석을 보는 시각은 정치를 하면 잘할 분인 것 같습니다. 무엇보다도 소통을 할 줄 아는 분이거든요. 어떤 사람들의 요구사항이나 바라는 부분들에 대해 적극적으로 소통하는 능력이 뛰어납니다. 업무 스타일이 어떤 상황에서 역할이 주어졌을 때 결코 물러서거나 피하거나 하지 않고 정면으로 받아들이면서 일을 하는 편이거든요. 그러니 리더가 되기에 충분한 자질을 갖춘 사람이라고 할 수 있지 않을까요? 그 당시 청와대의 직원들이나 참모들은 조국 수석에 대한 신뢰가 매우 컸던 것으로 기억합니다.

Q.   청와대 재직 시절 박 위원장은 대통령의 신임도 두터웠고 조국 수석도 그 시절의 '박성오 선임행정관'에 대해 칭찬을 많이 하더군요. 〈다스베이더〉에서 '진국'이라고 표현했던 것 같아요. 두 분이 업무 호흡은 잘 맞았습니까?

박성오   두말하면 잔소리죠. 그런데 조국 수석과는 누가 일해도 호흡이 다 잘 맞습니다. 그분은 주변에 일하는 사람들을

2019년 7월 조국 민정수석과 업무를 협의하는 모습

편하게 해주거든요.

Q. 청와대 재직 시절 당시 공직기강비서관이었던 최강욱 의원과도 같이 일하셨죠? 그곳에서 만났던 최강욱 비서관은 어떤 사람이었나요?

박성오   최강욱 의원은 사석에서 만나면 아주 유쾌하고 농담을 잘하는 분이에요. 어느 자리에서든지 앉아서 얘기하다 보면 거의 대학로 소극장에서 모노드라마를 보는 상황처럼 저는 관객이 돼버립니다. 최 의원은 분위기를 주도해요. 거의 99% 혼자 얘기를 다 하죠. 그래서 시쳇말로 '말빨 세다'는 평이 있어요. 그런데 늘 유쾌하고 좋으신 분이지만 저로서는 마음 아픈 기억이 있어요. 그분도 검찰의 보복을 당한 사람이라고 생각합니다. 재직 시절 기소돼서 청와대를 떠나야 하는 상황이 됐거든요.

당시 최 의원님이 출마 여부를 놓고 고민을 좀 했습니다. 일부 반대하는 이들도 있었고 또 권유하는 분들도 있었다고 들었습니다. 저는 등 떠밀었던 사람 중 한 명인데요. "다른 분들의 반대가 있어서 이제 그냥 조용히 사표 내고 나가야 될 것 같다."라고 했을 때 저는 매우 적극적으로 "다시 고민해보시라.", "출마를 하시라."고 권유했습니다.

조국 수석, 최강욱 비서관 등 민정수석실 동료들과 함께

사실 출마를 결정할 당시 검찰총장이었던 윤석열 총장의 권한 남용과 문제점에 대해 적극적으로 맞서고 싶다는 뜻을 밝히기도 했는데, 지금 보면 그때 의지 그대로 소신을 잃지 않고 해야 할 역할을 잘했다는 생각이 듭니다. 그래서 겉으로 보면 참 유쾌하고 말씀 많고 재밌고 그런 분이지만 내면의 소신과 자기 스스로 밝혔던 말이 현실의 삶에서 그대로 나타나는 분입니다. 이를테면 '언행일치'를 보여주는 정치인 중 한 사람이죠. 2023년 9월 대법원 판결로 국회의원직이 상실된 것이 더욱 안타까운 이유입니다.

Q. 대통령 주재 회의 시 최강욱 비서관은 자기 이야기를 많이 하는 편이었다는 후문을 들은 적이 있습니다. 박 위원장이 보기에는 어땠나요?

박성오 그건 솔직히 잘 모르겠습니다. 제가 대통령, 최강욱 의원과 함께 회의를 한 적은 단 한 번도 없습니다. 행정관이 대통령 주재 회의에 들어갈 기회는 많지 않거든요. 개헌 실무를 담당했을 때는 개헌안을 최종적으로 정리하면서 세 번 정도 대통령이 직접 주재하시는 회의에 참석한 적이 있었어요. 하지만 그때는 최강욱 의원이 청와대에 들어오기 전이었죠.

| 2023년 5월 최강욱 의원실에서

그 후 대통령 주재 회의에 참석한 것은 민정수석실에 있을 때였습니다. 매년 대통령 주재로 행사처럼 열린 '반부패정책협의회'라는 회의가 있었습니다. 그때는 정부 부처 수장들이 다 모였죠. 실제 회의라고 하기보다는 사실상 정리된 내용을 국민에게 설명하는 행사에 가까운 그런 자리였습니다.

가슴 아팠던 그 시절의 상사,
조국

Q.   조국 수석을 법무부 장관으로 임명하는 과정에서 조국 수석이 많이 고사했다는 얘기가 있던데 그게 사실이었나요?

박성오   그랬습니다. 옆에서 지켜본 바로는 처음에는 고사를 좀 하다가 고민도 많이 하시고 그랬던 것 같아요. 고민을 오래 하다가 최종적으로 수락을 하셨죠.

Q.   당시 윤석열 중앙지검장을 검찰총장에 임명하는 과정에서 청와대 내부에서도 긍정적인 분들이 있었고 부정적인 분들도 있었다고 하던데요. 밖에서 듣기에는 민정수석실 쪽에서는 반대 기류가 우세했다는 말이 있어요. 특히 조국, 최강욱 두 분이 반대했다는 소문을 들었습니다.

박성오 제 기억으로는 두 분 모두 반대했던 것으로 알고 있습니다. 그리고 당시 많은 분이 윤 총장 임명과 관련해서 우려를 하는 기류였고 그러다 보니 대다수가 반대했던 것 같습니다.

Q. 당시 윤석열 중앙지검장은 검찰총장 후보들 중 한 사람이었을 뿐 후보는 여러 명 있었잖아요. 개인적으로 어떻게 보셨습니까?

박성오 최종 결정은 대통령께서 내리는 사안이라 제가 그 결론에 대해 왈가왈부한다는 것은 적절치 않은 것 같습니다. 다만 당시 제 위치를 떠나서 개인적으로 갖고 있던 의견을 밝힌다면 저는 권력이 큰 기관일수록 중요한 것은 절제라고 생각합니다. 그 권력이 남용되지 않게 하는 것이 가장 중요합니다.

그러기 위해서는 그 칼을 잘 쓰는 사람보다 그 칼을 잘 관리하는 사람이 총장이 되는 게 맞다고 생각하고 있었어요. 그래야만 권력이 남용되거나 그 칼에 의해 불필요하게 베이는 사람이 없으니까요. 칼을 잘 관리하는 사람이 설제력이 있고 균형감이 있기에 그런 인물이 총장이 됐어야 했는데 그게 참 아쉽습니다.

Q. 민정수석실에 근무하면서 이른바 조국 사태를 지켜봤을 텐데요. 검찰이 상당히 무자비하게 조국 가족 일가를 다 파헤쳤지요. 당시 어떤 느낌이 들었습니까?

박성오 권력이 독점됐다고 할 정도로 많은 권력을 가진 기관이 검찰이었습니다. 그 권력을 절제하지 못하는 사람이 총장이 됐을 때, 그리고 그 총장이 사심을 가졌을 때 그 권력이 어떻게 남용되는지를 보여준 대표적인 사례였던 것 같습니다.

'코링크 펀드', 즉 사모펀드와 관련해 서초동(검찰) 측 주장은 100억 원대 규모이고 사실은 그게 다 조국 수석 소유라는 거였어요. '조국 수석이 그것으로 차후에 정치를 하려고 한다.', '대선 자금이다.', '자금을 모아놓은 거다.'라고 아주 강하게 주장했습니다. 그렇기 때문에 법무부 장관이 되면 안 된다는 논리였어요.

참 허무맹랑한 얘기였죠. 누가 봐도 동의할 수가 없는 내용이거든요. 100억 원을 그렇게 숨겨놓는 게 어떻게 가능합니까? 그 돈이 있지도 않은데. 그런데도 그게 맞다고 그들은 믿었던 것 같아요. 아니면 그걸 빌미로 수사를 하겠다고 지어낸 것인지도 모르죠.

그렇게 수사를 강행했고 강제 수사를 하면서 몇 곳 압수수색을 해보니 '어 이게 아니네.'라는 걸 바로 알았겠죠. 그러다 보니 그때부터는 가족들로 확대되면서 자녀 일기장까지 빼앗아 가는 그야말로 사냥에 가까운 수사가 됐습니다. 그 과정에서 어차피 무언가 잡아낼 때까지 수사할 작정이었기 때문에 설령 표창장이 아니었더라도 뭔가는 찾아내고 그것을 문젯거리로 만들어서 가시화시켰을 겁니다.

어떻게 보면 사실 결론은 이미 정해져 있던 게 아닐까요? 그 펀드 자체가 조국 수석의 것이 아니라는 걸 아는 순간부터는 다른 무언가를 찾아야 했을 겁니다. 그때 윤석열 총장과 한동훈 부장 입장에서는 자신들의 착각과 오판으로 구겨진 자존심을 어떻게 해서라도 만회해야 하는 생존 게임이 아니었나 싶기도 합니다.

Q. 일단 일은 벌여놓았으니, 그것도 크게 벌여놨으니까 뭐라도 해야 하는 거 아니냐? 이런 의도로 조국 수석 가족에 대한 수사를 한 것이다. 이런 얘기인 거죠?

박성오 쓰러뜨리지 못하면 우리가 죽는다. 이런 다급한 상황이 되고 나니 그때부터는 검찰이 가진 수사권이 아예 눈이 먼 채로 휘둘려졌던 것 같습니다.

Q. 그런 과정을 지켜보면서 대통령께서도 그랬을 것 같고 민정수석실에 있는 분들도 그 당시가 가장 힘들었겠네요.

박성오 저로서는 이루 말할 수 없이 참담한 심정 그 자체였지요. 차라리 조국 장관이 퇴직할 때 저도 다른 곳으로 옮겼거나, 아니면 청와대를 나왔거나 했더라면 조금 더 마음이 편했을 것 같습니다. 그런데 저는 남아서 그 이후 과정을 계속 지켜봐야 했거든요. 게다가 검찰, 경찰, 국정원 등 이른바 권력기관을 담당하는 곳이 민정수석실이기 때문에 민정수석실에 있는 자체가 아주 괴로웠습니다.

Q. 청와대에 들어가서 국정 경험을 한다는 얘기들 많이 합니다. 청와대에서 5년 동안 몸담으면서 국정 전반을 한번 경험해본 거잖아요. 그것이 '박성오'라는 사람에게는 어떤 도움이 됐다고 보십니까?

박성오 청와대에서의 경험은 값지고 소중한 것이었죠. 무엇보다도 국민을 향한 시각과 태도, 사실과 진실에 근거한 대응이 얼마나 중요한 것인지를 몸에 익히는 시간이었다고 생각합니다.

첫째, 무엇이든 사안을 놓고 판단할 때 전체 국민적인 시각, 이를테면 '일반적인 시각이 뭘까? 국민은 과연 어떻게 생각을 할까?'라는 고민과 생각이 일상화되더군요. 둘째, 어떤 사안에 대응할 때 '사실에 근거하자.'라는 것을 철칙으로 삼았습니다. 사실에 기반하지 않은 것을 국민께 알리거나 하는 것은 절대 금물이었습니다. 먼저 팩트 체크를 정확하게 한 후에 대응을 했어요. 그런데 지금 용산 대통령실은 제가 봐도 답답합니다. 지난 1년 이상 드러난 여러 사례를 보면 팩트 체크가 전혀 안 되고 있거든요.

우리가 일하다 보면 어디서든 누구든 실수는 있을 수 있습니다. 그 실수를 때에 따라서는 그냥 진정성 있는 사과를 통해 대응해야 할 때도 있는데 용산 대통령실을 보면 일단 변명을 하고 부정을 합니다. 작은 실수를 인정하지 않고 거짓 해명으로 훨씬 더 큰 문제로 키웁니다.

여러 번 경험하면서도 여전히 그게 반복적으로 나타나는 것은 큰 문제입니다. 한 나라의 수뇌부가 거짓말쟁이 양치기 소년이나 다름없다는 참혹한 현실을 걱정할 수밖에 없는 상황인 겁니다. 어떻게 보면 이건 태도의 문제가 아니라 실력의 문제라는 생각이 들 정도거든요.

지난 4월 대통령의 '일본 과거사 면죄부' 발언과 관련된 외국 언론사 기자의 인터뷰에서 '주어가 있냐? 없냐?'라는 문제가 터졌습니다. 대통령 발언 감싸기에 급급한 나머지

금방 드러날 것을 단 하루 버티자고 거짓말을 하는 꼴이 됐어요.

2022년 임기 말 문재인 대통령과 함께 청와대 본관에서

2022년 임기 말 청와대 본관 앞에서

감동의 남북 정상회담,
아쉬움 남긴 부동산 정책

Q. 청와대 재직 기간 중 개인적으로 가장 기뻤던 순간은 언제였습니까? 대통령 지지율이 고공 행진할 때, 아니면 본인이 승진할 때였을까요?

박성오 조직은 특별했지만 저도 직장인 중 한 사람이나 다름없었으니 승진할 때가 가장 좋았다는 것이 솔직한 마음이겠죠. 하지만 '국가'라는 거시적인 범위에서 봤을 때는 다릅니다. 국민도 다 함께 감동하고 또 평화에 대한 기대감이 부풀어 올랐던 시기였으니까요.

2018년 2월 평창 동계올림픽 당시 남북 단일팀이 구성되고, 그해 4월 판문점 평화의 집에서 남북 정상회담이 잘 이루어지면서 평화의 무드가 익어가던 그 시기가 아무래도 가장 좋았던 때였죠. 도보다리 회담도 기억이 나지만 개인적으로는 백두산 천지에서 양 정상이 손을 흔들 때였던 것 같습니다. 백두산 천지가 상징하는 특별한 의미가 있지 않습니까? 그때 정말 감격해 눈물도 흘리고 그랬는데…. 다만 최종적인 결과에 대해서는 아쉽지만요.

또 민정수석실 재직 시절을 돌이켜보면 검찰개혁이 실행되던 그 과정이 기억에 남습니다. 완성작이 되지는 못했지만 어찌 됐든 수사 기소 분리가 일정 부분 이루어졌고 검찰의 직접 수사권 수사 개시권이 대폭 경찰로 이관됐으며 공수처가 신설됐거든요. 그 개혁 법안들이 통과돼서 한발 한발 개혁의 발걸음이 진척되고 있다고 느꼈던 그 순간들은 그야말로 뿌듯함을 느꼈어요. 문재인 정부 5년은 그렇게 새로운 변화를 이끈 여러 가지의 일들이 있었던 시간이었습니다.

Q. **한편으로 부동산 문제라든가 이런 문제들이 굉장히 아프게 다가올 것 같기도 해요. 부동산 문제 관련해서는 주변에서도 많은 이야기를 듣고 또 질책도 받았을 것 같은데 그 부분에 대해서는 어떤 생각을 갖고 계십니까?**

박성오   결과론적인 얘기긴 합니다만 부동산 정책과 관련해서는 저 말고도 많은 분이 그걸 통해 느끼는 바가 그리 가볍지는 않을 텐데요. 일단 아쉽죠. 그러니까 최대한 부동산 폭등을 자제시킬 수 있는 해법을 제안하고자 하는 의지를 갖고 추진했는데, 결과적으로 보면 오히려 그런 규제들이 시장에 잘못된 시그널을 준 것도 있는 것 같고요. 부동산 분야는 복잡 미묘해서 좋은 정책으로 시장에 다가가도 현실적으로는 원하는 효과가 나타나지 않는 것 같습니다. 되레 그 반대 효과가 나타난 셈이죠.

정부가 이러이러한 의지를 갖고 있다고 하면, 국민은 정부가 그렇게 하려고 한다는 것에 대해 앞으로 반대로 움직일 거라고 느끼기 때문에 반대로 이해를 많이 하시더라고요. 또 거기에 일부 업자들과의 불공정거래가 연동되어 규제에 반발하면서 오히려 반등 효과가 나타난 셈인 거죠. 이런 부분들은 너무 아쉽죠. 물론 시기적으로 봤을 때는 시장이 워낙 유동성이 확대되던 시기였고 사실은 우리나라뿐만 아니라 외국도 세계적으로 부동산이 폭등하던 시기였거든요.

이런저런 변명을 떠나서 어쨌든 반성할 부분은 분명히 있는 것 같습니다. 만일 앞으로 부동산 정책에 참여할 기회가 주어진다면 그 시절 진행하면서 느꼈던 개선점들을 충분히 더 고민을 해봐야 할 것 같습니다.

Q. 문재인 정부 시절 흔히 '코드 인사'라고 말하는 인사 논란이 다소 있었어요. 능력이 검증이 안 된 인사들을 기용하는 거 아니냐는 비판들도 좀 있었는데요. 민정수석이 인사 검증을 하지 않습니까? 물론 청와대에서 일했던 분들로부터 들은 얘기로는 진짜 공직에서 쓸 만한 인물 찾기가 참 어렵다고 하더군요. 무엇보다도 고사하는 분들이 많다는 겁니다. 실제 인사 검증을 해보면 그런 애로사항들도 있었을 것 같은데요.

박성오 인사 검증, 그 부문에 관한 한 저를 비롯한 민정수석실 출신자들로서는 좀 억울한 부분도 있습니다. 검증 기준을 워낙 좀 강하게 설정을 하다 보니 살아남는 후보자가 별로 없었습니다. 예를 들어 장관 후보자가 1번부터 20번 이렇게 추천되면 검증 과정에서 15명은 날아가요. 조금 과장되게 들릴 수도 있겠지만 A는 뭐에 걸리고 또 B는 뭐에 걸리는 식으로 대다수가 한두 가지는 다 걸린다는 거죠. 인사 검증에서 이게 가장 힘든 일이죠.

국민이 바라는 공직자에 대한 기준치는 그야말로 모든 면면에서 최고인 'A등급'으로 매우 높습니다. 그 눈높이에 맞춰 기준을 올려놓고 검증을 하다 보니 탈락자가 많이 나오는 거죠. 이런 경우 가장 큰 문제는 능력은 있어도 검증 기준을 통과할 수 있는 사람은 소수라는 상황에 부딪

히는 겁니다.

Q. 지금 우리 사회에서 흔히 말하는 엘리트 중 그야말로 청렴과 실력을 겸비한 사람을 찾기가 상당히 어렵다는 뜻이죠? 그리고 청렴에 대한 기준이 계속 높아졌기 때문에 통과 기준이 엄격해져서 더더욱 어려워졌다는 것이고요. 그러면서 다른 한편으로는 과거의 경우 '공직은 곧 권력이다.'라는 입장이 지배적이었는데 이제는 그렇지만도 않고, 그래서 뛰어들기를 주저하는 이들도 많다는 그런 얘기로 들립니다.

박성오 맞습니다. 사실 고위공직자 후보로 낙점받은 이들이 청렴, 실력, 의지 이런 조건들을 두루두루 다 갖추었다면 옥석을 가리는 데 힘들더라도 인사 검증 실무자들 입장에서는 정부에 유능한 인재를 기용하는 일인 만큼 즐거운 일이 될 겁니다.

문재인 정부의 예를 들면 설령 누가 임명되더라도 재산을 공개했을 때 '집이 두 채다.', 아니면 '어떤 땅이 있다.'라는 식의 공개 또는 기사 보도로 인해 개인적으로 또 시달림을 받기도 하고 상황에 따라서는 그로 인해 퇴직하는 일도 있었습니다. 참으로 이런 일들은 '당연한 결과다.' 또는 '그건 아니다.'라고 딱히 정답을 말하기 힘든 불편한 진실이 아닐 수 없는데요.

지금 윤석열 정권을 보면 문재인 정부는 인사 검증 기준을 우리 실무진 스스로 너무 높여놓은 거 아니었나 싶은 생각이 들 정도죠. 예를 들면 대통령실 비서관 이상, 즉 1급 이상은 재산이 공개되지 않습니까? 상가가 수십 개가 나오는 사람도 있고 땅이 여기저기 각 지방에서 몇 필지가 나오는 사람도 있어요. 문재인 정부 때였다면 보수 언론에서 몇 번 기사 나오면 결국은 옷 벗고 나갔을 테죠. 그런데 지금은 아무도 그걸 문제 삼지 않는 것 같아요. 이런 현실을 보는 저로서는 그저 안타깝기만 합니다.

Q. **인사청문회 제도도 바뀌어야 한다고 보시나요? 일각에서는 '정책 위주로, 능력 위주로 검증하고 도덕성 관련해서는 비공개로 하는 게 바람직한 거 아니냐?'라는 문제 제기도 있었습니다.**

박성오 솔직히 인사청문회에서 지나치게 개인의 결점 찾는 것에 집중하는 것은 제도적으로 좀 아쉬운 부분은 있다고 봅니다. 도덕성과 실력을 나눠서 검증해야 한다는 말에 100% 동의하는 것까지는 아니지만 전체적으로 볼 때 기본적으로 고위공직자로서의 도덕성은 당연히 필요하지요. 그러나 그 가족들까지 뒤지고 사생활을 파헤쳐가며

도마 위에 올리는 것은 조금 과하지 않나 그런 생각이 듭니다. 언론이 또 그런 부분들을 많이 부추긴 측면이 있죠. 청문회를 받는 당사자에게는 그게 큰 상처가 되기도 합니다.

Q. 코로나19 시기에는 "홍남기 부총리와 기재부 파워가 너무 센 거 아니냐. 막강한 권력을 행사하고 있다." 이런 말도 있었거든요. 재난지원금이라든가 몇 가지 논란들은 대선 정국에서도 계속 이어졌습니다.

박성오 민정수석실에 오래 있었기에 기재부 경제정책 분야에 대해 자세히 알지는 못합니다. 다만 예를 들면 이제 권력기관 중에서는 검찰이 압도적인 권한을 가지고 있다고 보면 부처 중에서는 확실히 기재부가 다른 부처보다 상대적으로 좀 더 강한 권한을 갖고 있다고 보는 시각이 지배적인 것은 사실이죠. 각 부처가 원하는 예산을 다 잡고 있고 재정도 관리해야 하는 입장이니까요. 그래서 그런 분위기가 안팎으로 자연스럽게 조성되는 게 아닐까 싶어요.
제 개인적인 시각에서 볼 때 기재부로서는 스스로 심사숙고한 후 판단하고 자신들이 판단한 것을 밀고 가고 싶어 하는 그런 기질이 있는 건 맞는 것 같아요. 정치권에 대해서도 우리가 나라 곳간을 지키지 않으면 다 퍼주게 된다는 식의 소명감이 강했고요. 그래서 국회에 대해서도, 또 그 정권에 대해서도 어떻게 보면 방어적인 자세를 취한 거겠죠.

Q. 그래도 문재인 정부 말기에는 홍남기 부총리가 대통령의 손을 들어주는 형국이었어요. 그런데도 민주당 다수의 의원이나 국민 여론을 보면 대국민 재난지원금이나 소상공인들 지원하는 부분에 있어서 좀 더 과감히 해야 한다는 여론이 높았고 계속 요구하지 않았습니까?

박성오 정권 말기에는 기재부가 좀 소극적으로 일관했던 게 사실이죠. 그런데 정권이 바뀌니까 태도가 확 바뀌지 않았습니까? 윤석열 대통령 측에서 강하게 드라이브를 거니까 늘 돈 없다고 했던 사람들의 태도가 갑자기 돌변합니다. 적극적으로 바뀌었거든요.

Q. 그런 걸 보면서 어떤 생각이 들던가요?

박성오 아까 말씀드렸듯이 기재부 쪽 사람들은 자기들이 나라 곳간을 지키는 사람들이라는 생각이 강한데요. 그러면서도 정권이 바뀌면 초반에는 좀 맞춰주고 말기로 가면 소극적으로 대응하죠. 당연히 그런 게 있죠. 그래서인지 문재인 정부 말기에서는 기재부가 예산을 의도적으로 아끼려고 하는 그런 모습을 보였던 게 아닌가 싶습니다.

Q. 기재부의 경우 다음 정부, 그러니까 새 정부에 파격적인 정책을 뒷받침하려면 예산을 좀 비축해놓아야 한다는 성격이 강하다는 얘기 같은데요. 그런 것 때문에 사실 자영업자들이라든가 소상공인들의 불만이 고조됐었거든요. 또 코로나 대책에 있어서도 밤 10시 이후에 영업을 못 하게 한 부분들이 있지 않습니까? 어느 시점에서는 이걸 좀 풀어줘야 한다는 주장들이 상당히 많았거든요. 자신들에게만 너무 희생을 강요했다는 자영업자들의 불만을 지켜보면서 뭔가 느껴지는 것은 없었습니까?

박성오   결국 권한 문제인 것 같습니다. 모든 권력기관이 그렇지만 중앙부처들 간에도 어떻게 보면 기재부처럼 더 많은 결정권과 권한이 있는 부처들일수록 본인들이 결정한다는 의식이 강하죠. 그래서 국회에 대해서도 그렇고 총리실이나 청와대에 대해서도 어떻게든 본인들의 주장을 관철하려고 합니다.

그때처럼 긴급하게 재정을 사용해야 할 때는 기재부 주장을 좀 더 빠르게 정리하고 결정해야 했는데 그 과정이 지연되면서 국민은 답답하게 느낀 것 같습니다. 그래서 기재부를 기획예산처와 재경부로 나누자는 목소리가 계속 이어졌던 거죠. 다음 민주 정부가 출범할 때는 저도 개인적으로는 좀 그럴 필요가 있다는 생각입니다. 너무 큰 공룡 부처가 있으면 부처 간의 소통도 경직되고 한쪽으로만 휩쓸릴 우려가 다분하죠.

Q. 쉽게 말해 기재부처럼 힘 있는 특정 부처가 몽니를 부리면 통제가 어렵다는 얘기인 거죠?

박성오 국가의 미래에 대한 투자가 불가피한 상황에서 서민 경제와 국민의 삶을 지키기 위해 예산을 투입하는 것이 늘 기재부의 '재정 건정성' 논리에 막히게 되면 사실상 국가 운영의 주체를 기재부라고 할 수밖에 없어요. 재정경제부와 기획예산처로 나뉘어 있던 체계를 이명박 정부에서 기획재정부로 통합하면서 국가 경제, 세제와 재정까지 모두 관장하는 공룡이 탄생했습니다. 각 부처에 대한 예산 심사를 통해 사실상 전 부처의 사업을 기재부가 결정하는 불균형한 구조가 만들어진 것이죠.

그렇기 때문에 소위 힘없는 부처이지만 국민의 삶과 더 연관성이 높은 보건복지나 문화 예산은 기재부가 아닌 기획예산처로 분리되었던 시기에 더 증액되었다는 통계가 있습니다.

대선 다음 날부터 임기를 시작했던 문재인 정부에서는 인수위 과정을 거쳐 정부조직법을 개정하고 정부 체계를 개편했던 과거와 달리 기존 정부의 체계 변화를 최소화했지만 차기 민주 정부에서는 다시 설계가 필요한 부분입니다.

Q. 2030 젊은 세대들이 갖는 불만들이 상당히 많이 터져 나왔던 시기가 문재인 정부 때입니다. 특히 젠더 이슈도 있었고요. 20대 남성들이 자신들한테 별로 신경 안 쓴다는 식의 불만이 대통령이나 정권에 있었던 것 같아요. 부동산 문제도 물론 있었고요. '이대남'으로 불리는 남성들의 반발 심리, 이건 어떻게 보십니까?

박성오 그 부분은 정치권에서 가공된 부분도 좀 있다는 생각이 들어요. '상대적 약자에 더 배려하자.'라는 기조하에 여성에 대한 배려 부분이 부각되다 보니 2017년 선거 때 '페미 대통령' 같은 수식어가 붙기도 했잖습니까? 그런데 젊은 남성들로서는 이런 수식어마저도 자신들에게 소외감을 안겨준다는 생각을 들게 했다는 거죠. 정치권에서, 특히 이준석 전 대표는 그것을 날카롭게 파고들어 여성부 폐지 운운하면서 20대를 남녀로 분리시키는 잘못을 범했고 그게 고착화된 것 같아요.

문 정부 정책 때문에 2030 남성들이 피해를 봤다는 말이 나옵니다. 과연 실제로 정책에 문제가 있어서 피해를 본 것이었는지에 대해 저는 여전히 의문입니다. 2030 남성들 주장 중 하나는 본인들이 성장하면서 단지 남성이라는 이유만으로 가정이나 사회에서 특별히 대우를 받은 적이 없이 여성과 동등하게 커왔다는 것입니다. 그래서 여성을 사회적 약자로 보고 배려하고 두둔하며 혜택을 주는 것은 잘못됐다는 인식이 있는 것 같아요.

하지만 문재인 정부에서 실행했던 여성배려정책은 그들의 논리와 좀 다릅니다. 예를 들면 부처 장관들을 30% 여성으로 임명한다는 식이었거든요. 기존의 남성 중심의 조직을 나름대로는 개선하려고 노력을 기울였습니다. 하지만 20대, 30대 남성들은 이미 여성들과 동등한 선에서 경쟁하고 있는데 이런 배려정책으로 인해 오히려 자신들이 뒤처진다는 느낌도 있는 것 같습니다. 군대를 갔다 오기 때문에 여러모로 손해를 본다는 상대적 박탈감도 있는 것 같아요. 게다가 586세대가 문재인 정부 핵심 참모나 핵심 지지 세력이라는 이유로 586세대에 대한 불만들도 잔존해 있는 것 같습니다.

하지만 저는 문재인 정부가 의도적으로 20대, 30대 남성들한테 손해 보는 정책을 편 것 같지는 않다고 봅니다. 다만 대학생들이나 젊은 세대들을 대상으로 정권 차원에서 좀 더 정책 홍보에 노력을 해야 했다는 지적이 있었고 그 부분에 대해서는 어느 정도 수긍이 갑니다. 부족했던 점은 인정해야죠.

친인척 비리 없었던 것은
민정수석실의 성과

Q. 문 정부에서는 청와대 대통령 지지율이 고공 행진했고 임기 말에도 높은 편이었거든요. 국민적인 사랑과 지지를 끝까지 받았으니 대통령을 모신 참모진 중 한 사람으로서 보람도 굉장히 컸을 것 같아요.

박성오 초반에는 지지율이 거의 80%였고 많게는 85%까지 가기도 했습니다. 퇴임할 때도 50% 가깝게 유지를 했거든요. 지지율이 높게 유지됐다는 것은 국민이 그만큼 만족을 했다는 일종의 지표나 다름없는 거죠. 정책적인 성과였기에 개인적인 성취감이나 만족보다도 '다행스럽다'고 생각했습니다.

높은 지지율을 유지한 데는 그럴 만한 이유가 있었다고

봅니다. 국정 운영 방향의 적절성이랄까요. 국민의 요구와 시대 흐름에 잘 맞춰 상식에 부합하는 국정 운영이 이뤄졌습니다. 일례로 문재인 대통령께서 해외 순방을 가더라도 각국 정상이 먼저 다가왔고, 남북 이슈도 강대국 틈바구니에서 주체가 되어 평화 의제를 풀어가면서 국제사회에서 인정받는 리더였습니다. 그 평가와 과정을 보면서 국민도 대한민국 국격이 높아졌다는 것을 느꼈을 겁니다. 해외에 나가더라도 대한민국의 국민인 것이 자랑스러웠다고 하는 분들이 많았습니다.

문재인 케어라든가 여러 가지 정책 성과도 있었습니다. 그런데 저는 무엇보다도 '대통령의 태도와 자세'라는 측면을 높이 사고 싶어요. 사람들 대하는 자세가 남다른 분이었죠. 매사에 진정성 있고 국민 목소리를 경청하고 늘 낮은 자세로 임하셨거든요. 거기에 인간적인 면모까지 돋보였으니까 국민의 공감과 신뢰가 높았던 게 아닐까요?

그리고 권력형 게이트가 없었다는 것도 문재인 정부가 여느 정권하고는 확연하게 달랐던 점입니다. 권력형 게이트가 없었다는 얘기는, 즉 비리가 없었다는 얘기잖아요. 임기 내에 그런 불편한 문제가 없었던 것은 아마도 국내에서는 문재인 정부가 최초의 정권 아닌가요? 물론 아쉬운 부분이 없는 것은 아닙니다.

Q. 민정수석실에서 대통령의 친인척 문제라든가 주변 관리를 나름 대로 잘한 거 아닌가 그런 생각도 좀 들더라고요. 그 부분에 대해 특별히 하고 싶은 얘기가 있습니까?

박성오 민정비서관실 내에서 대통령과 친인척, 특수관계인들을 담당하는 팀을 흔히 '친인척팀'이라고 부르기도 하는데요. 대통령과 특수관계에 있는 사람들을 저희가 전담해서 세세하게 확인하며 관리했고 그로 인해 5년 동안 큰 문제없이 계시도록 했다는 자부심은 갖고 있습니다.

솔직히 말해 역대 정권을 보면 안타깝게도 이른바 측근 비리가 하나씩은 있었어요. 그게 재임 중이든 후든 발생했던 게 사실인데요. 문재인 대통령께서는 스스로 자기관리에 엄격하고 철저했던 부분도 있고 주변인들 또한 그렇게 문제를 일으킬 만한 사람이 많지 않았던 것을 매우 다행스럽게 생각합니다.

Q. 문재인 전 대통령이 계신 양산 사저는 가보셨나요? 막걸리 한잔 나누신 적 있습니까?

박성오 작년 가을 꽃을 심던 날 한 번 갔었어요. 그때 땡볕에서 함께 작업을 하다가 막걸리를 마셨습니다. 문 대통령께서

| 양산 사저를 방문해서 문재인 대통령과 시간을 보내는 청와대 사람들

| 양산 사저에서 문재인 전 대통령과 함께(2022년 7월)

새참으로 막걸리를 좋아하시거든요. 친한 분들과는 소주도 좀 드시는데 제가 알기로는 주량이 세지 않습니다. 그냥 편하게 조금씩 하시는 정도죠.

Q. 청와대 재직 시절엔 아무래도 친구나 지인들을 많이 안 만나게 되지 않습니까? 민원이나 청탁 같은 것들이 들어올 수 있으니까요. 요즘은 어떻게 지내십니까?

박성오 청와대 5년 동안 그랬었죠. 일만 하는 은둔자처럼 친구나 선후배, 지인 이런 인연들과 담쌓고 지냈어요. 그렇게 보내고 지금 출마를 준비하면서 가장 힘든 부분이 바로 인간관계입니다. '청와대에 있을 때는 코빼기도 안 비치더니 이제서야 얼굴 내미냐?'는 식의 얘기를 참 많이 듣거든요. 뭐라고 딱히 변명할 말도 없으니 대략 난감 그 자체인 거죠.

Q. 지금 와서 왜 아쉬운 소리 하냐? 뭐 이런 건가요?

박성오 제가 만일 민정수석실이 아닌 다른 부서에 있었으면 좀 편하게 이런저런 모임도 가고 그렇게 해도 됐을 거 같은데 민정수석실에만 계속 있다 보니 그게 불가능했습니다. 사람들을 만나다 보면 제 의지와는 다르게 진히 몰랐던 외부 인사들하고 불필요한 접촉도 이루어질 수 있거든요. 그래서 특정 분야와 관련돼 있거나 하는 일과 이익이 상충되는 그런 분들을 만나는 일은 아예 없었고 사람들을 편하게 만나는 것조차 자제하는 것을 당연한 책무감으로 여겼죠. 오죽하면 대학 시절 동아리 밴드 모임조차도 안 나갔을까요?

Q. 자기 절제를 철저히 하셨군요. 청와대 생활이 궁금한데요. 출퇴근은 몇 시에 했습니까?

박성오 부서마다 조금씩 다르긴 합니다만 대부분은 보통 한 6시 반에서 7시 정도에 출근합니다. 저는 도착하면 보통 6시 반 정도 됐던 것 같습니다. 출퇴근을 용인 수지에서 하다 보니 거리가 상당히 멀었습니다. 집에서 새벽 다섯 시 반경 나서야 했어요.

늦은 적도 있었죠. 새벽에 오히려 차가 없어서 빨리 갈 수 있지만 6시 넘어서 집에서 출발하게 되면 그땐 막힙니다. 6시 전까지는 괜찮은데 출발시간 5분 차이면 도착시간은 30분 차이로 벌어집니다. 아예 일찍 출발해서 일찍 도착하는 편이었는데 사실 이른 새벽에 일어나는 게 좀 스트레스였어요.

습관적으로 눈 뜨면 바로 시간을 보는데 어느 날은 눈을 뜨자마자 '늦었다!' 이런 느낌이 들었어요. 그래서 시계도 안 보고 일단 옷 먼저 주워 입고 택시를 불러서 타고 갔습니다. 그래서 청와대에 도착을 했는데 '맙소사!' 소리가 저절로 나왔어요. 새벽 세 시 반이었거든요. 어쩌겠습니까. 다시 집으로 돌아갈 수도 없고 그냥 책상에 앉아서 한두 시간 잤습니다.

Q. **청와대에서 보낸 시간이 짧지 않은 만큼 기억에 남는 동료들도 있을 것 같습니다.**

박성오 떠오르는 얼굴들이 많죠. 꼭 몇 사람을 꼽는다면 아무래도 민정수석실에서 같은 일을 하면서 동고동락한 황현선 전 선임행정관과 윤재관 전 비서관입니다. 제가 민정수석실로 간 그 시절 황현선 선배가 퇴직해야 하는 상황이었습니다. 저에게 같이 일하자고 제안을 해 함께 일하게 되었는데요. 그때 황 선임행정관이 인력 한 명 더 필요하니 함께 일하고 싶은 사람을 추천해보라고 해서 제가 윤재관 비서관을 선택했거든요.
공교롭게도 민정수석의 감찰 무마 의혹 등을 제기했던 김태우 사건이 막 터졌을 때는 우리 세 명이 민정수식실에 함께 있었던 시기입니다. 그때는 국회 운영위가 원 포인트로 열리곤 했습니다. 그러니 가장 힘든 시기를 함께 겪었던 거죠. 그 후 황현선 선배는 퇴직하고 저는 윤 비서관과 같이 민정수석실에서 1년 정도 더 일했습니다.

3장

검부독재를 막기 위한 검찰개혁의 완성은 어디인가?

박성오, 최강욱 대담

궁극적으로 헌법 개정을 할 때 검사 용어를 지우고
'영장 청구는 법률로 정한다.'라고 규정하는 거죠.
거기까지만 가면 제도적으로는 완전하게
일단락되지 않나 생각합니다.
그럼에도 불구하고 만약 이 기소관들이
그 기소 여부를 가지고 계속 장난을 친다고 하면,
미국처럼 배심원제도를 추가해서
독단적으로 판단하지 못하게 하는 것까지 할 수 있겠죠.
그 단계까지 가면 더 이상은 검찰이 특정 사건을 가지고
정치적 이슈를 일으켜서 정치권을 쥐락펴락하거나,
검사를 내세워 집권하는 그런 일들이
다시는 없지 않을까 하는 기대를 해봅니다.

우리는 왜
윤석열에게 속았는가

최강욱 현재 시민들께서 문재인 정부에 대해 안타까움을 넘어 화까지 내시는 지점이 있어요. '도대체 왜 (문재인 정부가) 윤석열을 검찰총장으로 지명하고 임명했는가?' 하는 부분입니다. 물론 지금이야 그가 검찰총장이 되기 위해 모든 걸 맞추고 움직였다는 것을 알고 있지만, 그렇다 하더라도 '윤석열에게 왜 속았는가?' 이 부분에 대해 납득이 안 가는 거죠. 시민들의 의문에 대해 답을 해주시면 좋겠습니다.

박성오 윤석열을 왜 애초에 검찰총장으로 앉혔냐에 대해 일부에서 문재인 대통령을 공격하고 비난하는 분들이 있습니다. 또한 문재인 정부 당시 청와대에 있던 사람들에 대해서도 비판과 아쉬움을 표현하시죠. 물론 그 심정 충분히 이해합니다. 결과론적으로는 당연히 그렇게 생각하실 수 있어요. 그런데 윤석열이 부상하게 된 과정을 살펴보면, 촛불혁명 직후 박영수 특검팀에서 수사팀장을 할 당시에 '윤석열만큼 수사를 통한 적폐청산을 잘할 수 있는 사람이 없다.'라고 모두 속았던 것 같습니다.

최강욱 그랬죠. 국민들도 많이 속으셨죠.

박성오 문재인 정부 초반에 박근혜 정부까지만 해도 부장검사였던 윤석열을 지검장까지 두 단계를 고속 승진시켰어요. 결국은 검찰총장까지 사실상 세 단계를 파격적으로 올린 거잖아요. 그때 당시에는 모두가 박수 치고 환호하는 분위기가 있지 않았습니까? 모두 이제 제대로 박근혜 정권의 국정농단에 대해 정확하게 심판할 수 있겠다고 생각을 했었죠.
그리고 초반에는 실제로 주변에서 오히려 만류를 했음에도 불구하고 강하게 수사를 밀어붙이면서 어쨌든 성과를 냈고요. 사법농단에 대해서도 양승태 대법원장을 포함해서 많은 판사들을 수사하고 그다음에는 전전 정부인 이명박 전 대통령에 대한 수사까지 하면서 이 전 대통령을 구속시키고 하는 과정도 있었잖아요. 사실 그때 당시에는 저도 그랬지만 많은 국민이 '적폐청산을 잘한다.', '수사를 잘한다.'라고 생각했었던 것 같습니다.

그러한 과정이 있었기 때문에 그 이면에 윤석열이 어떤 의도를 지니고 있었는지 그때는 대부분 사람이 모르지 않았나 생각합니다. 그리고 검찰총장이 되는 과정에서도 적폐청산 수사뿐 아니라 검찰개혁이라는 과제가 진행 중이었죠. 당시에 윤석열 본인도 검찰개혁에 대해 적극적으로 협조했어요.

최강욱 "적극 찬성한다. 더 나가야 된다." 이런 말까지 했었으니까요. 지금 생각해보면 참 뻔뻔한 사람이에요.

박성오 당시 조국 민정수석이 주관하는 회의에서 나눈 얘기들이 기억납니다. 제 옆에 있던 반부패비서관이 "검찰개혁 잘할 사람 정말 따로 있는데요."라고 하면서 늘 윤석열을 어필했던 적이 있습니다. 그때까지만 해도 문재인 정부에서 뭘 한다 해도 다 적극적으로 협조하겠다고 했으니까요.

최강욱 정치 집단으로서의 검찰의 속성, 그 안에서 자라난 정치검사의 본모습 이런 것들을 우리가 놓친 면이 있잖아요.

지금 생각해보면 총장이 된 후에 유감없이 보여줬지만 이미 정치인 뺨치는 행동들을 쭉 해오고 있었던 거죠.

국민들도 착각하고 상당한 사람들이 속았던 부분이 윤석열이 소위 '강골 검사', '기개 있는 검사', '권력의 눈치를 보지 않고 맞서는 검사', 이런 이미지 아니었을까요? 그동안 우리 역사상 그런 검사가 없었기 때문에 '아, 이 사람이라면 이런 중요한 상황에서 이런 일을 할 수 있지 않았을까?'라는 생각들을 했던 것 같아요.

그리고 윤석열 본인이 조직에서 박해받은 것처럼 보이다가 특검팀에 들어가서 탄핵된 박근혜 대통령을 구속시키고… 이렇게 이어지는 과정에서 나온 결과물들을 마치 자기 것인 걸로 잘 포장을 한 셈이죠. 어떻게 보면 윤이 그 상징성을 가져가 버렸어요. 지금 생각해보면 참 모든 과정을 일신의 영달을 위해 이용한 것이죠.

박성오 그런 상징성이 만들어졌던 시기가 특검 시절이었던 것 같아요. 당시 최순실 특검팀을 보면 특검보 8명, 파견 검사 20명, 파견 공무원 40명, 특별수사관 40명 등 100명이 넘는 인력이 특검팀을 이뤘는데 그중 유독 윤석열이 상징적으로 드러났죠.

그 이유는 아마도 그전에 국정원 댓글 사건 수사를 할 때 국회에 출석해서 "사람에 충성하지 않는다."라고 발언해서 국민들에게 강하게 각인됐던 이미지 때문이 아닐까 합니다. 그 이미지를 가지고 특검팀에 와서 적극적으로 발언했던 내용을 언론에서 비중 있게 다루었고 국민들의 많은 관심을 받았어요.

최강욱 맞아요. 그 발언도 생각나요. "수사권 가지고 보복하면 그게 검사냐, 깡패지."라고 했죠? (웃음) 결국 나중에 계속 진짜 깡패 짓을 하게 됐는데 말이죠. 검찰 집단의 속성이 굉장히 언론 플레이에 능하고, 특히 정치에 더 능하니까 그런 것들을 교묘하게 활용했어요. 상징성을 조작하고 언론에 노출된 멘트 같은 거 하나하나도… 지금 생각해보면 그런 거였어요.

박성오 결국은 적폐청산, 국정농단에 대해 엄벌하라고 했던 그 국민들의 열망을 역으로 이용한 것 같아요.

최강욱 그렇습니다. 그리고 사법농단 수사가 진행되고 있는 변노 사실은 큰 영향을 끼쳤잖아요. 중앙지검장으로 있으면서 대법원장을 수사하니까 법조계로부터 엄청난 청탁과 압력, 이런 게 있었을 텐데 '윤석열이 아니면 그 압박을 견뎌

내면서 할 사람이 있겠냐?'라는 식의 생각이 있었어요. 그러니까 윤석열이 고검장이나 다른 자리로 빠져버리면 수사 진행이 중간에 이상해질 수도 있다, 흐지부지될 수 있다는 걱정이 현실적으로 또 있었던 것도 사실입니다.

박성오 그렇죠. 적폐청산 수사를 강단 있게 마무리 지어야 한다는 요구들이 있었고 거기에 윤석열 본인도 검찰개혁에 협조하겠다고 하니 '그럼 이 사람이 가장 적임자다.' 하는 인식이 생기게 됐죠.

최강욱 그러니까 그간의 경험을 통해 취득한 수법을 보면서 종합편으로 활용한 거예요. 정권 교체기에 검찰이 살아남는 방식이 늘 전 정권의 비리를 수사하면서 현 정부에 호감을 갖게 만드는 이런 식이었으니까요.

박성오 정권 초기까지는 협조하는 척하다가 정권 중기 이후로 가게 되면서 본색을 드러내게 됐던 것 같습니다.

최강욱 하여튼 앞으로도 우리가 개혁 작업을 하는 데 있어서 이것이 이 사람(검찰)들의 행동 패턴이라는 걸 알았으니 더 이상 속지 말아야 합니다.

박성오 맞습니다. 그리고 돌이켜 생각해보면 내부에서는 적폐청산이 너무 검찰 수사 위주로 진행되는 부분에 대한 우려가 있었습니다. 적폐청산을 하려면 적폐와 관여돼 있던 사람들에 대한 심판과 처벌이 당연히 필요하죠. 하지만 그전에 이런 국기문란 사건을 가능하게 했던 허술했던 국가의 시스템을 정비했어야 했던 것인데…. 지금 와서 다소 후회되는 점은, 너무 검찰 위주의 수사로 적폐청산이 이루어지다 보니 시스템 정비가 잘 안 되면서 검찰에 힘이 너무 많이 실린 결과를 낳았던 것 같아요.

적폐청산 이후에 문재인 정부가 해야 되는 작업이 검찰개혁인데, 그렇다 보니 검찰 입장에선 토사구팽이냐? 이런 얘기도 분명히 할 것 같다는 우려도 있었고요. 소위 말하면 "이거 나중에 (검찰이) 영수증을 세게 들이밀 것 같다."라고 하는 사람도 있었지요. 자기들이 이만큼 성과를 냈기 때문에 '검찰개혁'이 아니라 오히려 검찰에 대한 이른바 포상(?)을 줘야 한다고 그럴 수도 있다는 우려 섞인 의견이었습니다.

최강욱 언론의 선정성도 한몫했어요. 특검 때부터 윤석열 검사팀을 취재하던 기자들이 그대로 붙어서, 이제 쭉 정보를 주고받고 하면서 기사들을 막 키워내고 생성해내고. 그러다 보니 아까 말씀처럼 또 다른 분야, 즉 과거사 정리 이런 부분들이 상대적으로 주목도 못 받고 소홀해지는 면이 있었어요. 저는 대표적으로 국세청이 그렇다고 생각합니다. 국세청이 얼마나 나쁜 짓 많이 했습니까? 근데 뭘 했는지 우리조차도 별로 기억이 없고 흐지부지 그냥 넘어갔지 않았어요?

박성오 예, 그렇죠.

최강욱 참으로 기가 막힌 일입니다.

윤석열의 검찰, 공정했던가?
그 파란만장한 검란(檢亂)의 시작

최강욱 과연 윤석열이 수상이 된 검찰이 공정한 수사를 했다고 할 수 있을까요? 무리한 수사를 했다는 건 그때도 많이 드러났단 말이죠. 검사가 극단적인 선택을 하고, 조사 중에 창문으로 뛰어내리고 이런 일들이 있었잖아요. 그런데 검찰총장 취임 이후에 정치검찰 특유의 프레임을 만들어요. 소위 '살권수'라고 하는 '살아 있는 권력에 대한 수사'를 내세웠는데 과연 그게 공정한 수사였는가 이 부분에 대한 평가도 좀 필요할 것 같습니다.

박성오 적폐청산 수사를 할 때까지만 해도 공정을 따지기보다는 수사 성과에 다들 만족하는 분위기였습니다. 그러다가 검찰의 칼이 갑자기 돌아선 것은, 제 기억으로는 조국 수석이 법무장관으로 가는 그 과정부터였어요. 사실상 조국 수석이 내정돼 있는 상태를 인지한 검찰은 언론에 근거 없는 이야기를 흘리기 시작했습니다.

제가 전해 들은 말은 소위 '코링크 펀드 100억이 전체 다 조국 수석의 돈'이라는 이야기였어요. 이 주장의 요지는 조국 수석이 대선에 나가기 위해 비자금 조성을 했다는 것입니다. '부인인 정경심 교수나 또 그 친척들 명의로 다 나눠놨지만 그게 사실은 모두 다 조국의 돈이다. 그렇기 때문에 법무장관으로 앉히면 안 된다.'라는 것이 검찰 내부의 주장이었습니다.

최강욱 검찰총장이 사방에 그렇게 떠들면서 수사의 정당성을 어필하는 방식이었고, 그다음에는 언론에 또 흘려서 처음부터 조국 수석을 몹쓸 사람 만들고 수사의 정당성을 강변하는 소재로 삼았고요.

박성오 그렇죠. 만약 정말 그러한 혐의와 의혹 또는 증거가 있어서 그것을 막고자 했던 순수한 공명심이 있었다고 하면, 한번 확인은 해볼 수도 있었겠죠. 그런데 확인하고 보니 '아니다'였잖아요. 그러면 실수를 인정하고 더 이상 이제 무리하게 진행하지 말았어야 했는데 도리어 더 심하게 나가버렸죠. 만약 거기서 멈췄더라면 대부분 사람이 검찰의 행보에 대해 이해했을 것 같아요.

최강욱 사실 당시에 박형철 반부패비서관에게 제가 한 얘기가 있어요. "검증 과정에서 봐서 아는데 조국 수석의 비리는 실체가 없다. 실체가 없는 것으로 드러나면 윤(윤석열 당시 검찰총장) 스스로 이게 수사의 명분이라고 한 게 있으니 깔끔하게 접어야 한다. 더 이상 다른 방식으로 무언가를 만들어내면 안 된다."라고 했죠. 그 당시에 박형철 비서관이 자신 있게 '그걸 막는 일이 자기가 해야 될 일'이라고 얘기해놓고 결국은 본인이 이것도 있다, 저것도 있다 하면서 계속 정보를 물어 나르는 상황이 됐잖아요? 허허….

박성오 맞아요! 그때 저한테 박 전 비서관이 마치 사실인 것처럼 얘기했거든요. "코링크 펀드, 실제 조국 수석님 것이 다 맞아. 수석님을 좀 말려봐."

최강욱 "수석님이 오버하시는 거다."라고 했겠죠.

박성오 예. 자기가 수사를 해봐서 너무 잘 안다며 그냥 보면 딱 사이즈가 나온다는 거예요. 결국 수사하면 그 100억의 실소유자라는 게 드러날 테고, 그러면 처벌받고 장관도 될 수가 없다고 말을 했죠. 박 전 비서관이 저를 설득하더군요. 수석님을 말리라고, 수석님을 잘 설득해서 인정하시고 그냥 멈추시게 하라고요.

그 문제의 100억이 있으려면, 그 돈이 어딘가에서 들어와야 하잖아요. 그런데 도저히 100억이 들어올 루트가 없어요. 그래서 제가 볼 때는 절대 사실이 아니었던 것이죠. 제가 박형철 전 비서관에게 그랬어요. 만약 100억이 조국 수석의 돈이 아니라는 게 드러나면 본인이 책임질 수 있냐고요. 또 본인을 포함해서 그 수사를 무리하게 하도록 지시한 검찰총장과 윤석열 사단도 다 같이 책임을 져야 할 것이라고 했죠.

그때 제가 좀 격하게 "손목 걸어야 된다."라고 표현했는데도 "자신 있다. 수사해봐서 너무 잘 안다."라고 하는 거예요. 그분 특유의 말투가 있어요. "자기야, 내가 해봐서 알아. 우린 알아, 이거 보면. 수석님 말려. 말려야 돼." (두 사람, 기가 막힌 듯 웃음)

최강욱 저는 나중에 박성오 위원장이 얘기해주셔서 이 이야기를 들었어요. 내게는 얘기하는 방식이 완전히 달랐다고 했잖아요. 그냥 하소연하듯이 "일이 벌어진 이상 얘네들(검찰)

이 끌고 가려고 할 텐데, 진실이 중요한 게 아니라 수석님이 상처받는 게 마음이 아픕니다. 그러니까 이쯤에서 멈췄으면 좋겠어요." 이런 식으로 얘기를 했다고요! 지금 생각하면 참 교활한 놈이야.

박성오 그런데 저한테는 최강욱 의원님께 했던 것 같은 얘기가 아니라 그냥 이게 진실이기 때문에 말려야 된다 이랬던 거죠.

최강욱 소위 검란 혹은 검찰 쿠데타라고 하는 것이 어찌 보면 조국 장관을 상대로 한 압수수색부터 시작이 되는 건데요. 그때 참 너무 황당했어요. 어떻게 법무부 장관도 모르는 압수수색이 벌어진 건지…*

박성오 그렇죠? 그렇게 하다가 조국 수석 본인에 대해 나올 게 없으니 가족으로 넘어가서 어머님이 하시는 웅동학원 재단도 수사 대상이었고, 그다음에는 부인 정경심 교수도 수

---

* 조국 당시 법무부 장관 후보자를 상대로 한 검찰의 압수수색에 대해 박상기 법무부 장관은 2019년 9월 5일 국회 예결특위 전체회의에서 '(압수수색 사실을) 사후에 알게 됐다. 보고를 했어야 했다.'고 밝힌 바 있다.

사 대상이었고, 동생, 자녀들까지….

최강욱 그뿐입니까? 이혼한 제수씨까지 조사했죠.

박성오 온 가족을 수사 대상으로 하면서 당시 검찰은 '이제 밀리면 죽는다.' 이렇게 생각을 했던 것 같아요.

최강욱 호랑이 등에 올라탄 셈이죠.

박성오 '이제 성공 못 하면 우리는 다 죽는 거야.'라는 일종의 결사체가 돼버렸던 것 같아요. 일가족을 다 수사하면서 기습적으로 단 한 번의 사전조사도 없이 정경심 교수를 기소하고, 그러면서 언론에 조그마한 사항이라도 계속 흘려보냈죠. 당시에 워낙 많은 기사가 쏟아져 나왔어요. 그러다 보니 국민들은 그 기사들을 보면서 '조국 일가는 뭔가 문제가 있나 봐. 그러니까 저렇게 얘기가 계속 나오겠지.'라는 생각을 하게 되어버렸죠.

최강욱 쏟아져 나오는 기사에 압도돼버린 거죠.

박성오 그리고 1호 피해자가 조국 수석님과 가족들이라면 두 번째 피해자는 최강욱 의원님이시잖아요.

최강욱 (그냥 말없이 웃음)

박성오 그 사달이 나고 해가 바뀌면서 바로 또 1월에 기습적으로 현직에 있는 공직기강비서관을 기소하죠.*

최강욱 날치기 기소라고 추미애 장관이 표현했죠. 그때 이 친구들이 도대체 공정이라는 말을 입에 올리면 안 된다고 생각하는 것이 그 청문회 과정에서 야당 의원들과 법사위원장이었던 여상규 의원이 보였던 그 언행, 주광덕 의원이 흔들었던 생활기록부부터 시작해서 도대체 수사 자료가 아니면 입수할 수 없는 것들이 쭉 나오기 시작하지 않습니까? 그러면서 계속 부인이 기소되면 어떡할 거냐 이런 얘기들을 아예 대놓고 했잖아요. 그러면서 그 시간에 발맞춰 가지고 결국 기소를 하고, 기소된 공소 사실조차도 나중에는 '다시 다 바꾸겠다, 통째로 바꾸겠다.' 하는 와중

---

* 검찰은 2020년 1월 23일 최강욱 당시 공직기강비서관을 대학원 입시방해 혐의로 전격 기소를 했다. 검찰 인사 발표 30분 전에 강행된 기소로 인해 최강욱 비서관은 '기소 쿠데타'라고 겨냥했고, 3년 뒤인 2023년 9월 18일 국회의원 신분이 된 최강욱은 대법원에서 징역 8개월에 집행유예 2년을 선고한 원심이 확정되며 의원직을 상실했다.

에 공소장이 2개가 되는 일이 생겼잖아요. (두 사람 웃음) 이것은 너무나 노골적인 정치적 준동으로 볼 수밖에 없어요.

박성오 그렇죠. 그때 청문회 당시를 보면 검찰과 검찰 출신의 야당 의원(국민의힘)이 거의 실시간으로 서로 상의하는 듯 움직이면서 합을 맞췄잖아요. 2020년 언론 기사를 찾아보니까 3월부터 (윤석열) 장모 사건이 언론에 났었어요.* 수사를 안 하고 덮고 있다고요. 보도 이후로 수사가 진행되긴 했지만 철저하게 지연시켰죠. 반면 그때부터 문제인 정부의 주요 인사, 특히 검찰개혁이나 검찰에 반하는 인사들에 대해 본격적인 찍어내기가 시작되었습니다.

최강욱 중간에 채널A 사건을 통해 드러난 고발 사주** 같은 것들이 다 연관돼 있는 거잖아요.

---

* 2020년 3월 '검찰총장 장모의 수상한 투자, 사위는 몰랐나'라는 제호의 언론보도. 윤석열 당시 검찰총장의 장모 최은순이 2013년 부동산 투자를 하며 349억 원의 은행잔고증명서를 위조했다는 혐의를 받은 사건이다. 최 씨는 이 사건으로 1심에서 징역 1년을 선고받았다.

** 2020년 4월 채널A 법조팀 단체 대화방을 통해 '검언유착' 의혹이 대두되었다. 한동훈 당시 검사장이 이동재 전 채널A 기자에게 검언유착 제보자 지 모 씨가 대검에 재보할 수 있도록 안내했다는 대목.

박성오 그것은 거의 예전 국정원급의 정치 공작이라고 볼 수 있죠.

최강욱 그러니까요. 처가의 비리를 덮기 위해 공조직을 이용하고, 관련된 재판에 판사를 사찰하고. 이런 것들을 다 권력을 남용해가면서 했었고, 또 그런 사실들이 결국 나중에 징계 사유로서 정당했다고 하는 것이 법원을 통해 다 확인이 됐고요.

박성오 그런데도 법시위를 보면 김건희 주가조작이나 그 장모 땅 관련해서 수사 관련 언급만 하면 한동훈은 늘 그 얘기를 하잖아요. 문재인 정부 검찰에서 이미 다 수사했다고. 그런데 그건 이미 문재인 정부의 검찰이 아니라 윤석열의 검찰이었죠.

최강욱 그때만 해도 또 일부 제대로 하려고 했던 수사 검사들한테 전화해서 협박한다는 얘기가 있었어요. 너 검찰에 계속 있을 거야? 다음에 어떻게 할 거야! 뭐 이런 식의 얘기들이요. 그럼에도 불구하고 뻔뻔하게 뭐가 잘못이냐고 하면서 지금 와서는 그걸 뒤집기 위해 당시 감찰에 관여했던 검사들이 또 문제가 있는 것처럼 하는 '패소할 결심'이라는 얘기가 나오고 있고요. 도대체 어느 입으로 공정을 얘기할 수 있는 것인지 참 기가 막히는 거죠.

검찰,
사정기관과의 팀플레이가 시작되다

최강욱 그렇게 윤석열 본인이 마치 대단히 권력에 맞서서 굽히지 않는 정의로운 검사인 것처럼 포장하면서 국민을 속이고 공정과 상식이라는 말을 앞에 내세우면서 손바닥에 '왕' 자 쓰고 대통령이 됐단 말입니다. 그런데 그 뒤에 보이고 있는 모습이, 특히 윤석열 정부의 이 사정기관의 모습이라고 하는 것이 진짜 공정과 상식에 완전히 반하는 일들만 하고 있습니다.

박성오 청와대에 있을 때 가끔 농담으로 웃으면서 그랬잖아요. "저 기업 저러다가 나중에 세무조사 받는 거 아니야? 저러면 저 언론사 나중에 털리는 거 아니야?" 하지만 그게 정말로 실행되지는 않죠.

최강욱 정말 심한 농담이었지. (두 사람 웃음)

박성오 그런데 지금 윤석열 정권을 보면 그 농담들이 바로 다 현실이 됩니다. 그 대상이 기업이든 언론사든 포털이든 바로바로 다 실행이 되는데요, 거기에 또 윤석열 정권에서 만들어진 새로운 패턴이 있는 것 같습니다. 감사원과 검찰을 결합해서 한 세트로 이제 사건을 키워나가는 과정이 생겨났지요?

최강욱 맞습니다. 감사원이 건수를 만들어서 검찰에 던져주는 식으로 적법 절차를 회피하죠.

박성오 이 형식이 검찰이 가지고 있는 그 수사 내용에 조금 부족한 부분을 감사원이 채워주게 되는, 아주 효율적인 조합이 됩니다. 예를 들면 검찰에서 직접적으로 수사를 하려면 명확한 혐의를 가지고 영장을 받아야 하잖아요. 그런데 감사원은 아무 영장 필요 없이 '이번에 우리가 이거 감사할 테다.'라고 하면 어느 정부 부처나 공공기관이든 가서 무제한적으로 자료를 사실상 압수해 올 수 있어요. 또 협조하지 않으면 패널티를 줄 수 있고요. 소환해서 조사하듯이 하는 감찰과 감사하는 등의 행위가 무제한적으로 허용되기 때문에 법원의 영장도 필요 없습니다.

최강욱 그러니까요.

박성오 사람을 불러내든 자료를 뺏어 오든, 아무 견제 받지 않고 영장 필요 없이 할 수 있으니 이만큼 다 자료를 확보해서 뺏어다가 다 들여다보고 찾아냅니다. 또 공무원들 협박해서 진술을 받아내죠. 경찰이나 검찰에 가서 수사를 받을 때는 본인에게 불리한 진술을 안 할 수 있잖아요. '나중에 재판 가서 진술하겠다.'라고 할 수 있는데 감사원에서는 그게 허용이 안 됩니다. 무조건 협조를 하도록 돼 있거든요.

최강욱 그러니까 국민의 기본권 보장의 원리에 의하면 당연히 진술 거부권이 있는 것인데 감사원에는 그게 안 통하는 거죠. 계속 협박을 하다가 끝내 말을 안 하면 "징계받아 봐." 이렇게 말하는 거죠.

박성오 그렇죠. 또 실제로 감사원이 감사 결과랍시고 감사에 비협조적이었고 뭐 어쩌고저쩌고하면서 해당 부처에 중징계해달라고 요구하면 그 부처에서는 대부분 그렇게 따를 수밖에 없어요. 공무원들이 가장 무서워하는 게 연금에 손을 대는 거예요. 이게 본인뿐 아니라 가족들까지 피해가 갈 수 있으니까요. 그러니까 중징계를 하면 연금이 삭감될 수 있기 때문에 그런 협박이 먹히는 겁니다.

최강욱 그렇게 되면 공무원들은 대부분 무너지게 되죠.

박성오 그리고 감사원에서는 "이건 여기에서만 얘기하는 거니까 편하게 얘기하셔도 된다."라고 해놓고 그걸 검찰에 다 수사 참고자료로 넘겨버려요.

최강욱 수사 참고자료라는 말이 참 이게 굉장히 어폐가 있는 말인데…

박성오 감사원 감사 사무규칙에서 이제 수사 참고자료로 전달하거나 수사 요청하는 그런 절차가 또 있잖아요. 이제 그런 걸 활용해서 감사위원회 의결 없이 그냥 사무처에서 판단해가지고 검찰에 자료를 넘겨버리는 거죠. 그렇게 되면 그 대상자는 검찰에 가서 진술 거부하는 게 무의미합니다. 이미 감사원에서 감사받을 때 다 얘기했던 진술들도 그대로 다 떠다가 검찰에 넘겨놨기 때문에 사실상 이제 법에 허용하는 진술 거부권이 다 무력화돼버리는 거죠.

최강욱 그런 패턴이 시작된 게 최재영 감사원장 시절에 원전 감사 결과를 수사 자료로 넘겼던 일이었습니다. 그게 문제가 됐죠. 언제 갖다줬느냐, 왜 미리 넘기고 나중에 발표하느냐 이런 것들이 지적될 만큼….

박성오 그 패턴을 그대로 또 활용한 게 정권 교체 이후의 이른바 동해 사건과 서해 사건입니다. 그러니까 서해 사건은 그 어업지도선에 타고 있던 해수부 공무원이 그 어떤 이유인지 모르게 어업지도선에서 이탈했고, 결국은 북측으로 넘어가서 사살되는 안타까운 사건이 있었는데요. 그때 당시만 해도 SI(Special Intelligence, 도감청 등을 포함한 특수 정보) 말고는 사실상 그걸 더 정확하게 확인할 수 있는 그런 정황이나 증거들이 없었거든요. 그렇기 때문에 스스로 북으로 올라간 것으로 추정된다 정도에서 수사가 멈춰 있었죠.

그런데 정권 교체 이후에 갑자기 새로운 증거가 발견됐거나 정황이 확인된 것이 전혀 없음에도 해경에서 갑자기 입장을 번복하면서 "아니다. 그때 발표했던 게 틀렸다."라고 번복을 하죠. 그리고 바로 다음 날부터 감사원 감사가 진행되고, 결국은 검찰의 수사로 연결되는 그 특유의 패턴으로 진행됐는데 그 앞에 원전 감사하고 사실 똑같죠. 그게 똑같이 되풀이됐고 그다음에 동해 사건도 마찬가지로 똑같은 방식으로 되풀이되고. 그런데 그 과정에서 보면 더 비열한 방법은 수사 참고자료를 넘길 때 거기에 제한되는 정보들이 있습니다. 그러니까 비밀 문건이나 그냥 넘길 수 없는 문건들은 본인들이 가지고 있다고 검찰에 흘려주고, 검찰이 감사원을 압수수색해서 그걸 떠가는 수법을 쓰죠.

최강욱 (기가 막힌 듯) 완전 신종 수법이에요. (두 사람 쓴웃음)

박성오 감사원에서 정보를 모아놓으면 검찰이 감사원을 압수수색해요. 아니면 감사원이 그 자료들이 어디에 있다고 검찰에 알려주면 검찰이 거기를 압수수색하죠. 그러니까 SI 정보 같은 것들은 직접 못 넘기는 대신에 위치를 마킹해주고 그러면 거기를 압수수색해서 떠가는 방식이에요.

최강욱 심지어 대통령 기록물조차도 그렇게 하죠.

박성오 그런 방식은 예전에 없었던, 말하자면 신종 수법, 새로운 패턴이죠. 감사원도 지금 법에 맞지 않게 감사 사무규칙을 운영하고 있는데 그런 것들을 제도적으로 완비하지 않으면 이러한 신종 수법이 고착화될 것 같습니다.

최강욱 슬금슬금 과거로 회귀하려고 하는 게 국정원도 정보관을 부활시키겠다는 이야기가 또 나오고 있고요. 국세청도 미운 사람 손봐주는 세무조사를 한다, 이런 것들이 지금 시작되고 있다는 얘기들이 기업에 파다하게 돌고 있어요. 또 여기서 빼놓을 수 없는 게 해병대 수사단장 박정훈 대령 건이죠. 어찌 보면 윤이 자신을 포장해서 보여주고자 했던 공직자의 모습을 박정훈 대령이 고스란히 다 그대로 보여주고 있는 것인데, 여기에 대해서는 지금 소위 윤석열의 지시에 의해 모든 게 다 망가지고 있다는 이런 정황들이 속속 드러나고 있고요. 이것처럼 황당한 게 있을까요? 그 부분 좀 얘기해보죠.

박성오 다행히도 민주당에서 최종 특검법을 본회의 신속처리안건(패스트트랙)으로 지정을 했는데 그게 어쨌든 21대 국회 안에 내년 5월 29일 내에 본회의에 상정돼서 통과가 될 것인데요. 특검법이 통과되고 특검이 진행되는 과정에서, 대통령실에서 어떤 루트로 어떻게 압박하고 지시를 했는지, 실제 원 지시자가 누군지, 그러니까 최종 결제자가 윤석열 대통령이라는 것까지 드러난다고 하면 저는 그게 법률적인 탄핵 사유에도 해당되지 않을까 생각합니다.

최강욱 그게 확인이 되면 딱 떨어지는 탄핵 사유죠. 경찰이 수사 기록을 돌려주고 이러는 모든 정황이, 사실은 위에서 어떤 지시나 압력이 없이는 있을 수 없는 일이 벌어졌기 때문에 오늘날의 윤석열표 수사, 윤석열표 사정의 본모습들을 그대로 보여주고 있는 증거가 아닌가 하는 생각이 듭니다.

그래서 민주당은 잘하고 있나?

최강욱 윤석열의 검찰 쿠데타가 진행되는 과정, 그 후에 윤석열 취임 이후의 과정에서 민주당의 대응에 대해 사실은 국민들이 많이 실망하신 측면이 있어요. 그러면서 반대급부로 '윤석열이 크게 잘못한 게 없는 거 아니야?' 이런 식의 인식을 남겨준 부분이 또 참 뼈아픈 부분인데 어떻게 생각하세요?

박성오 제가 민주당 검찰독재정치탄압대책위원회 기획위원장을 한 지 이제 1년이 좀 넘었는데요. 검찰 수사에 대한 대응; 또 검찰개혁 관련 이슈들을 계속 제기하는 역할을 하고 있습니다. 스스로 하는 반성입니다만 저를 포함한 민주당의 대응은 제가 볼 때는 아직 많이 미흡합니다.

사실 국민들이 민주당에 국회 내 의석 180석을 만들어 준 뜻은 더 과감하게 결정하고 국회에서 의결해서 추진할 수 있는 것들을 더 적극적으로 하라는 취지예요. 국회에서 한 정당의 의석이 150석이 넘을 경우에는 일반 안건에 대한 상대다수 의결을 할 수 있어요. 더 나아가 180석은 본회의에서 신속처리안건 지정과 더불어 필리버스터를 깰 수 있는 것이 가능해집니다. 그 두 가지가 가능한 절대다수 의석이고요. 그만큼 막강한 권한이 있지요. 200석은 다들 아시는 탄핵과 재의 요구, 쉽게 말하면 대통령의 거부권을 거부할 수 있는 선이고요.

최강욱 개헌선이기도 하죠.

박성오 그렇죠. 180석을 모아주신 뜻은 어쨌든 그만큼의 적극적인 의정활동을 하라는 것인데, 도리어 역풍을 염려하고, 신중해야 한다는 생각에 발목이 잡혀서 의석수에 맞는 역할을 제대로 못 하지 않았나 하는 아쉬운 부분이 있습니다.

최강욱 검찰독재정치탄압대책위원회장으로 당내에서 활동하시면서 의원들의 인식 수준에 대해서는 어떻게 느끼셨어요?

그러니까 우리가 느끼는 심각성과 의원들이 느끼는 심각성은 차이가 있어 보여요.

박성오 물론 경험의 차이는 있을 수 있습니다. 저나 최강욱 의원님의 경우는 민정수석실에서의 경험이 있기 때문에 조금 더 검찰을 보는 시각이 다를 수 있고요. 그리고 다른 어떤 일보다도 이것(검찰개혁)이 더 중요하다 생각할 수 있는데요.

그에 반해 일반 의원님들은 검찰의 현재 문제점과 검찰독새, 검찰개혁의 필요성 이런 부분들을 그저 하나의 의제로 생각하시는 경향이 있어요. 여러 정치 의제 중 한 파트라는 거죠. 선거를 앞두고서는 검찰 관련 사안들, 특히 검찰개혁이라고 하면 민생 관련 주제보다 소구력이 떨어진다고 생각을 하시는 듯합니다.

최강욱 그렇죠. 검찰개혁은 민생하고 상관없다고 생각하는 경향이 강해요.

박성오 네. 그리고 오히려 선거 앞에 검찰개혁 얘기를 하면 표가 떨어진다. 이렇게 생각하는 분들도 꽤 있는 것 같아요.

최강욱 순전히 정치적 쟁점인 것이라고 생각하는 것도 같고요.

박성오 물론 그 부분에 대해서는 저는 생각이 다릅니다. 검찰개혁이라는 것도 하나의 주제이고 민생이나 경제, 외교안보 등 다 이렇게 여러 가지 주제들이 있죠. 그러니까 뭐 하나를 하기 위해 뭐 하나를 조금 유보해야 된다고 생각하는 분들이 있는데 저는 그럴 문제는 아니라고 보거든요. 민생은 민생대로 잘 챙기고 경제도 챙기고 공약도 잘 만들고 어필할 건 어필하면 되지 검찰개혁을 늦출 이유는 없는 것 같고요. 그리고 솔직히 야당이 정책을 주도하지는 않아요. 그러니까 국정 운영이나 정책을 주도하는 일은 여당의 몫이에요.

최강욱 야당이 정책을 주도해서 성과가 났다고 해도 그게 야당의 득점이 되는 게 아니잖아요.

박성오 야당이 계속 좋은 법안들을 제안하고 제도의 큰 틀에서 법으로 정할 수 있는 것들을 좀 선도적으로 정해나갈 수는 있지만, 전체 국정 운영은 어쨌든 정부 여당의 몫이고요. 그걸 견제하고 때에 따라서 더 좋은 제안을 해서 경쟁적으로 할 수 있는 부분도 있겠죠. 하지만 민생 전체를 야당이 책임지고 그럴 만한 상황 구조 자체가 아닙니다. 그렇기 때문에 현 정권의 문제점에 대해 더 적극적으로 지적하고 개선될 수 있도록 역할을 해야 할 텐데요.

어쨌든 우리가 다들 검찰독재 정권이다, 이렇게 얘기를 하잖아요. 그럼 그 검찰독재라는 것이 가능하게 된 뿌리, 근본적으로 과도한 검찰 권력, 그것을 바로잡지 않고서 무슨 변화가 있을까요? 한동훈 장관의 태도가 장관다워질까요? 검찰의 과잉한 수사들이 제자리를 찾을까요? 그리고 지금 윤석열 자체가 뒷배가 단단하기 때문에 더 거침없이 사정기관들을 휘둘러가면서 국정 운영을 하고 있는데 검찰의 힘이 빠지지 않는 한, '내가 퇴임해도 날 지켜줄 단단한 후배들이 있는데.'라는 생각을 갖고 있는 한 정상적인 국정 운영을 할까요?

이 생각을 해보면 결국 모든 비극의 원흉은 그 과도한 검찰 권력이거든요. 그러니까 윤석열 정권 끝나기 전에 그걸 바로잡아 놓지 않으면, 그러면 지금 현 정부의 태도는 절대 안 바뀔 거라고 생각합니다.

최강욱 검찰의 과도한 권한 집중이 과연 민생에 상관이 없을까요? 얼마나 많은 서민을 울리는 고소 사건이나 이런 것들이 있는데 말이죠. 검찰이 모든 권한을 힌 손에 쥐고 있기 때문에 검사 개인 한 사람이 어떤 방향을 가지느냐에 따라서 완전히 가해자와 피해자가 뒤바뀌어버리는 경우도 많거든요.

박성오 그렇죠. 실제로 또 최근 수원지검 사례인데, 하도 이재명 대표 수사에 집중하다 보니 거기에 쌓여 있는 다른 사건들 수사를 등한시하고 중단되고 지연되고 있다고 합니다.

최강욱 저도 들었는데 평소에 검사 한 명당 가지고 있는 미제사건이 10배 이상 늘었다는 거예요. 얘기만 들어봐도 진짜 심각합니다. 결국 그 피해는 다 국민들한테 가는 건데, 그게 마치 수사권 조정 때문에 경찰이 늑장을 부린다는 식으로 호도하고 있다는 겁니다.

미치도록 닮았다!
군부독재, 검부독재

최강욱 제가 이런 얘기를 한 적이 있었는데 아마 대선 패배 이후에 의원총회 회의장에서 그랬던 것 같아요. "김영삼 대통령의 업적은 하나회를 척결한 일과 금융실명제를 실시한 일이라고 본다." 그런데 지금 여기서 우리가 논의하는 것처럼 역풍 생각하고, 절차 단계 생각하고 여론 수렴하고 했으면 그런 일을 할 수 있었겠냐고요. 그리고 하나회 척결이 가져온 효과는 결국 정치군인이라는 말을 우리 역사에서 사라지게 만든 것이잖아요.

박성오 군부독재를 청산했죠.

최강욱 단순히 군부독재 청산이라는 구호로 끝낼 문제가 아니고 사람이 정리해야 되는 건데요. 사람이 정리되니까 정치군인이라는 용어 자체가 사라지는 그런 시대 변화가 있었던 것이죠. 지금 정치검사들이 벌이는 이 행각을 따져보면 뿌리가 군부독재 당시 정치군인과 아주 똑같아요. 정치군인의 뿌리는 무력과 정보력에 있었잖아요. 과도하게 권한이 집중되었고요.

탱크 몰고 나오고, 군 정보기관을 통해 민간을 사찰하고 감시하고, 형사사법 절차를 통해 사람들을 압박하고. 마치 '언제든지 내가 너한테 똥물을 덮어씌울 수 있다.'라고 하는 그런 것들이 있었죠. 지금 검찰이 조직적으로 보이고 있는 행태는 과거 정치군인들하고 똑같아요. 자리 차지해서 나눠 먹는 것은 옛날 하나회보다 훨씬 심하고요.

윤 대통령이 검찰총장 시절 언론에 검찰이 보도되는 양태나 이런 것들을 보면 '검찰총장이 격노하셨다'라는 제목의 기사가 났어요. 그 모습을 보면 완벽하게 정당인 거죠. 법무부 장관이 무슨 얘기를 해도 반대 성명을 내고, 청와대에서 무슨 얘기를 해도 반대 성명을 내고, 정치 집단으로 움직이는 모습을 봤어요.

하지만 속상하고 아쉬운 점이 있는 것이 제가 이런 얘기를 해도, 사람들 인식은 또 '뭐 그런 면도 있겠지만 그래도 기본적으로 공무원 아니야?' 이런 식의 사고에 매몰돼 있는 것을 볼 수 있어요. 또 하나는 '그래도 경찰보다는 낫잖아.'라는 생각, 그다음에 마지막으로 '내가 지역에서 움직이고 활동할 때 검사하고 친해두면 내가 선거 때나 활동하는 데 있어서 도움이 된다.'라는 막연한 인식들. 진짜 너무 속상하고 아쉬웠어요.

박성오 실제로 그렇죠. 작은 건이라도 어떤 사건이 걸려 있는 야당 의원들은 발언이 세지 못하잖아요. 뭔가 계속 쭈뼛쭈뼛하고 주눅 들어 있고요. 그런데 지금 말씀 듣고 보니 군부독재라는 것과 최근에 조국 수석님이 썼던 표현인 것 같은데 '검부독재'라는 표현이 정말 딱 일치하는 것 같습니다.

왜냐하면 군부도 하나회 같은 그들만의 특정 집단이 있었고 그 집단을 유지할 수 있는 힘이 있었죠. 또 무력을 통해 정권을 침탈했던 경험들이 있고, 언제든 맘만 먹으면 또 뺏을 수 있다는 힘과 자신감이 있었고요. 군부독재 당시와 대비해보면 물론 선거를 치르긴 했으나, 검찰 권력을 이용해서 정치를 흔들고 대상자들을 제거하고 징부 정권을 침탈했죠.

최강욱 또한 언론을 자기편으로 두고 있기 때문에 얼마든지 국민을 속일 수 있다는 자신감도 있어요.

박성오 그래서 그 모든 걸 조합해서 이번에 성공을 한 거죠. 처음으로 정권 침탈을 한 거예요. 그러면서 자신들이 계속 똘똘 뭉쳐 있고 그 힘이 빠지지 않는 한 다시 성공할 수 있다는 자만심이 좀 생겼을 것 같아요. '설사 거짓이나 잘못이 드러나더라도 우리는 처벌 못 한다. 우리끼리 덮으면 된다.' 이런 자신감이 또 있는 거죠.

최강욱 그런데 군사독재의 주역들만 하더라도 쿠데타를 한 직후에는 사실 다른 사람들은 몰라도 법률가들은 두려워했거든요. 그건 제가 군법무관으로 일해봐서 알아요. 군대 안에서 어떤 법적인 절차를 가지고 조사하기 시작하면 이 사람들은 법을 움직여본 경험이 없기 때문에 속수무책으로 무너지거든요.

군사독재 주역들도 자기들의 속성을 아니까 사실은 쿠데타 직후에는 그런 걸 걱정했다는 거예요. '검사들이 제대로 수사하고 판사들이 그걸 판결로 확정해버리면 어떡하지?' 이런 걱정을 했는데, 이 사람들이 쿠데타 직후에 검사들의 움직이는 양태를 보고, 또 자기들을 찾아와서 인사 청탁하고 매달리는 이런 모습들을 보면서 '아, 저놈들은 충분히 우리 밑에 두고 쓸 수 있겠구나.' 그런 얘기들을 자기들끼리 했다는 거거든요.

어떻든 당시에 하나회에 기생하던 월계수회 검사 집단* 이런 것들이 소위 변종 돌연변이가 더 심각해져서 지금의 정치검찰의 모습이 됐어요. 그런데 정작 제도적으로 혁파하고 정비해야 할 정치인들의 인식이, 특히 민주당 의원들의 인식이 뭔가 미흡했다는 점에 대한 시민들의 지적, 이런 것들은 겸허하게 받아들여야 할 것 같고요. 또한 다음 선거에 나서는 분들은 뭔가 확실한 입장과 플랜, 자기 나름대로의 지식이 있어야 된다, 그렇지 않으면 또 이상한 일이 반복될 것이라는 말씀이잖아요.

박성오 검찰독재 청산, 그러니까 검찰개혁이라는 것은 선거의 유불리를 따져서 결정할 문제가 아니라 시대적 과제이자 시대적 사명인 것 같습니다. 그렇기 때문에 다소 선거에 영향을 미치더라도 검찰개혁을 해야 하는 것이 당연한 도리인 것 같고요.

---

* 1987년 박철언을 중심으로 조직된 사조직. 검사 출신인 박철언이 자신의 매형인 노태우를 당선시키기 위한 조직 결성을 주도하였다. 당시 안기부, 검찰, 경찰 등 정보 사정 공안 부서가 월계수회에 의해 장악되었다는 것이 정설이다.

| 메디치 스튜디오에서 대담을 나누는 박성오 위원장과 최강욱 전 의원

쌍특검에
양평고속도로 특검 추가요!

최강욱 김건희 특검법과 대장동 특검법, 이른바 '쌍특검'이라고 하죠. 그다음에 해병대 채 상병 특검법이 또 있고요. 특히 김건희 특검법을 본회에서 신속처리안건에 올려 처리하자는 아이디어를 처음 제안한 사람이 박성오라는 점은 분명히 밝혀야 합니다.

박성오 특검법에 저도 '지분'이 있다는 점을 어떻게 어필할까 했는데, 먼저 말씀 주셔서 감사합니다. 하하. 김건희 특검법은 2022년 9월부터 시도가 되었지만, 법사위 구성 때문에 엄두를 못 내고 있었지요. 신속처리안건 지정을 위해선 법사위원 18명 중 11명(3/5)이 필요한데, 민주당은 10명뿐이었고, 지금은 국민의힘으로 간 당시 시대전환 소정훈 의원은 특검에 반대 입장이었어요.

그래서 법사위 11명 확보가 불가능하다면, 본회의에서 180명 찬성으로 신속처리안건 지정이 가능하다는 아이디어를 제안했지요. 처음에는 설득이 쉽지 않았어요. 이전에 신속처리안건 선례는 상임위에서 지정했던 만큼 본회의에서도 가능하다는 생각을 하기 어려웠던 것 같아요. 최강욱 의원님과 검찰독재정치탄압대책위 위원들이 먼저 뜻을 모아주었기 때문에 쌍특검으로 확대되어 신속처리안건 지정까지 갈 수 있었지요.

"4월에 신속처리안건 지정하면, 크리스마스 때는 대통령이 거부권 여부를 두고 괴로운 결단을 해야 할 상황이 온다."라고 항상 말하고 다녔는데, 정말 현실이 되었네요.

최강욱 전략가로서 박성오가 빛나는 순간이었죠. 판단도 정확했고요.

박성오 아이디어는 제가 냈지만, 최강욱 의원님과 여러 의원님들이 2023년 2월 2일부터 4월 27일까지 85일간 본회의장 농성을 하면서 뚝심 있게 밀어붙였기 때문에 가능했습니다. 보수 언론에서는 강경파의 무리수로 치부했지만, 결국 신속처리안건 지정을 해냈고 총선을 앞둔 2023년 연말 최대 정치쟁점으로 부각되었지요.

최강욱 원래는 모든 절차를 다 거쳐도 12월 27일에는 의결된다는 계획이었지요?

박성오 예. 12월 말에 되든, 아니면 조금 늦어져 1월 초가 됐든 법은 분명히 통과될 것이고요. 이건 의장의 재량도 아니고 더 이상 이제 막을 수 있는 절차가 없습니다. 본회의에 상정되면 상대다수 의석인 150석 이상만 가지고 통과시키면 되기 때문에 다른 당과 연대할 필요도 없이 민주당 의석만으로도 통과가 됩니다. 본회의에서 통과가 되면 이것을 대통령이 공포를 할 것인가, 이것이 관건일 텐데요. 저는 '설마 이것을 거부할 수 있을까?'라는 생각을 하고 있습니다만….

(최강욱 미소를 지으며 고개를 절레절레, 두 사람 웃음)

박성오 그런데 최근에 제가 여러 군데서 얘기를 해보니까 '(대통령이) 거부권을 행사할 거다.'라고 생각하는 사람들이 더 많아요. 정말 거부한다면 그거야말로 검찰개혁이 완성될 최적의 환경이 만들어지지 않겠어요?

최강욱 많다니까!

(두 사람, 기가 막힌 듯 웃음)

박성오 대통령이 거부권을 행사한다면, 검찰개혁과 민주당의 총선 승리에 크게 기여할 것입니다. 더불어 김건희 특검법에 공로가 있는 박성오의 국회 입성 가능성도 높아질 것이라고 생각해요. (웃음) 김건희 특검법의 경우 민주당이 제출한 안도 있고, 정의당도 제출한 안이 있어요. 대장동 특검법도 그렇고요. 그래서 어느 당의 법안을 본회의 신속처리안건으로 태울 것인가 협상을 하다가 다 정의당 안으로 했어요.

그래서 김건희 주가조작 특검법을 보면 특검의 규모가 상당히 큽니다. 그런데 현재 그 주가조작이라는 단일 사건에 대해 이미 공범들의 재판이 진행됐고, 1심 판결이 났기 때문에 사실관계들은 거의 다 확정이 돼 있는 상태죠. 그래서 수사 대상이 그렇게 많지 않고 수사 기간도 오래 걸리지 않을 텐데, 이 특검법을 보면 전체 수사 인원이 100명이 넘습니다. 다만 우려되는 점은 파견 요청을 할 경우 법무부에서 파견 검사를 보내는데 한동훈이 최대한 특검을 방해할 만한 사람들을 보낼 게 뻔하다는 거죠.

최강욱 수사를 할 사람들을 보내는 게 아니라 밀정을 보낼 가능성이 크지요.

박성오 파견 와서 업무 해태하고, 배제를 할 게 뻔해요. 그래서 개인적인 생각입니다만, '파견 검사를 요청하지 말고 임명직인 특검보 4명에 특별수사관 붙여서 하면 되지 않나.'라고 생각하거든요. 제가 최근 SNS에 '특별수사관으로 임은정 검사를 퇴직시켜서 넣고, 이광철, 최강욱 의원님까지 집어넣으면 되지 않나. 그러면 정말 대통령실에서 깊은 고민에 빠지겠다.' 뭐 이런 농담을 했습니다만… (두 사람 웃음) 어쨌든 김건희 특검법은 큰 문제 없이 진행되면서 정확한 진실 규명이 되고 적법한 절차에 따라 법적인 책임도 묻게 될 거라고 기대를 합니다.

대장동 특검법도 마찬가지로 절차대로 진행이 된다고 하면 그때 당시에 실제로 부산저축은행 사건부터 해서, 사실상 개발 초기 과정에 성남시나 경기도 문제보다는 법조 비리에 가까운 초기 관여자들이 있지 않습니까? 특검법을 마련해놓으니까 검찰에서도 지금 수사에 속도를 내고 있으니, 남은 부분들은 특검에서 잘 진행이 될 것 같습니다.

최강욱 김건희 특검법은 어떻게 되었든 분명한 성과로 정리될 것이라 생각해요. 우리가 김건희 특검법 같은 것을 앞으로 추가로 한다면 어떤 게 있을까요?

박성오 마지막으로 특검법을 하나 더 해야 된다고 생각하는 것은 양평고속도로 특검법인데요.

최강욱 전적으로 동의합니다!

박성오 이미 너무 많은 혐의가 드러났고 사실관계도 드러났잖아요. 국감 때도 그렇고… 그런데 당에서 적극적으로 특검법으로 이어가지 않는 것이 조금 의아해요.

최강욱 그러니까요. 계속 국정조사 얘기만 하더라고요.

박성오 뭐, 국정조사하고 특검을 세트로 하는 경우도 많이 있으니까요. 이 사안은 누가 보더라도 명확하게 김건희 일가의 사익 추구 정황이 드러났고, 그 과정도 석연치가 않아요. 갑작스럽게 공사 계획이 바뀌고 마침 거기에 땅이 있었네 하는 것들이 누가 봐도 우연의 일치라고 보이지도 않고요.

최강욱 그러니까. '옆에 고속도로가 난다, 어디가 개발된다.' 이런 정보를 권력을 활용해 먼저 습득해서 그 근처에 땅을 사서 이익을 얻는 경우는 종종 있었어요. 하지만 이미 땅을 사놓고 거기를 고속도로 노선으로 지정하는 경우는 이번이 처음이란 말이죠. (두 사람 웃음) 그렇죠? 그러니까 국민들이 진짜 황당해하시는 거예요.

박성오 지난번 의원님 말씀처럼 마침 최용순 씨 남편이 양평구청 공무원이었잖아요. 또 윤석열이 전에 여주지청장 할 때 거기가 또 관할 지역이었고요. 그렇게 여러 가지로 다 연결되는 정황들이 있어요.

최강욱 양평군청 공무원 출신이던 김선교 양평군수와 윤석열 지청장이 교분을 맺고, 나중에 김선교는 군수를 마치고 국회의원이 되었죠. 그런 과정들을 생각하면 이게 또 공교로운 게 지금 얘기되고 있는 특검이 박근혜 특검의 일종의 데자뷰가 될 수 있어요.
윤석열, 박영수가 등장한다는 건 똑같고, 직위와 권력을 이용해 사익을 추구하고 부를 축적한 문제가 50억 클럽이든 양평 문제든 주가조작이든 다 비슷하잖아요. 그러니까 결국 윤석열의 과거가 윤식열을 무너뜨리는 과정으로 이어지지 않을까 하는 생각이 듭니다.

박성오 채 상병 특검법도 진행되고, 양평고속도로 특검법까지 어쨌든 11월까지만 신속처리안건으로 지정된다면, 내년 5월 29일까지는 통과될 수 있는데요. 그렇게 되면 채 상병 특검법에서는 명확한 직권남용이 드러나고, 양평고속도로 특검법에서는 직권남용 플러스 사익 추구한 것들이 붙잖아요. 그 정도면 정치적 탄핵 의결을 넘어 헌법재판소에서도 명백한 헌법위반으로 봐주지 않을까 하는 기대감은 좀 있습니다. 박근혜 때도 다른 건 다 기각됐어도 미르와 K스포츠재단은 인용이 됐잖아요.

최강욱 어제 헌법재판소장 이종섭 후보자 청문회가 있었어요. 이 정부의 인사 원칙 중 하나가 측근과 친구들을 요직에 배치한다는 점이거든요. 지금 보시면 헌법기관으로 명시돼 있는 헌법재판소, 그다음에 선관위, 사무총장, 전부 다 자기 대학 동기들이에요. 거기다가 정부의 법령에 대한 유권해석을 갖고 있는 법제처장도 동기. 동기를 요직에 꽂는 일은 우리 정부 때 같으면 정말 적임자라고 하더라도 가능한 피하려고 했던 일이잖아요.

박성오 그렇죠.

최강욱 그런데 이들은 오히려 더 노골적으로 하고 있어요. 방송 장악을 위해 보내는 사람들도 다 마찬가지고.

검찰개혁,
끝은 어디일까?

최강욱 검찰개혁, 검찰개혁 계속 얘기가 되고 있습니다만, 저는 참 한스러운 게 21대 국회가 끝나면 그다음 각종 선거에서 검찰개혁 얘기가 더 이상 언급되지 않는 나라가 되어야 한다는 그런 말을 했었는데 결국 또 이렇게 돼버렸네요.
이 검찰개혁은 어떻게 해야 하고, 어디까지 가야 하는가? 이 부분을 이제 결론적으로 얘기해봐야 할 것 같아요.

박성오 민정수석실에서 재직할 당시 권력기관 개혁을 기획하고 디자인할 때 구상했던 것은 궁극적으로 수사와 기소를 완전히 분리하는 것이었습니다. 그렇게 된다면 검찰은 기소를 담당하고 공소 유지하는 기관이 되겠죠. 그것이 궁극적인 목표였고요. 그런데 그 목표까지 가는 과정이 한 번에 가능하지는 않아요. 갑자기 수사권을 다 떼서 경찰에 주면 경찰 일이 두 배로 늘어나는데 그렇게 할 수가 없잖아요. 그래서 '단계적으로 떼어주자.'라는 것이었어요. 검란과 검부독재가 있기 전이었기 때문에 제도적으로 그 정도만 생각을 했었죠.

이 정도만 되어도 경찰과 검찰이 권력기관 간에 서로 균형을 맞추고 상호 견제가 가능하겠다는 생각을 했던 것인데, 검찰이 자신들의 힘을 갖고 한 짓들을 보면 그 정도 개혁 가지고는 안 될 것 같고요. 더욱 완벽하게, 군사독재 정권이 청산될 때처럼 다시는 검찰이 정권을 침탈하지 못하게끔 완벽하게 힘을 빼고 제도적으로 정리를 해야 할 필요가 있다고 봅니다. 검찰도 그 단계까지 가야 하지 않나 싶어요. 예방적 차원에서요.

예전에는 사법시험 40명 합격하고, 100명 합격하고 그러던 것이 400명, 1,000명 됐다가 로스쿨로 바뀌었지요. 그때만 해도 워낙 소수 인원들만 사법시험에 붙었기에 판사나 검사로 가는 사람들에 대해서는 일반 공무원들이나 행시 출신들보다 더 많은 우대를 했거든요. 그런데 현재는 입직 경로가 행시보다 훨씬 더 어렵다고 보기도 힘들잖아요. 이제 그런 것들을 명확하게 공무원 직급화를 하는 것이 필요하다고 봅니다.

궁극적으로 수사와 기소를 분리해서 수사기관에서 수사를 하고 검찰은 기소와 공소 유지를 담당하고, 이렇게 역할 분담이 되면 경찰과 검찰이 대등한 기관이 되겠죠. 국가공무원법을 개정해서 기소 직렬을 만들고, 기소직 공무원을 기소관 5급부터 한다든지, 아니면 5급 기획총관보, 기소관 뭐 이런 식으로 올라가서 정확한 공무원 직급에 넣어야 될 것 같고요.

지금 검찰 모습을 잘 보시면 법원 옆에 큰 검찰청 하나씩 지어놓고 그 크고 넓은 공간을 사용하잖아요. 그리고 부장검사 정도만 되면 정무직이 쓰는 정도의 사무 공간, 별도의 자기 독립 방을 갖는다고 하는데, 상대적으로 일반 공무원들은 책상 크기까지 업무 공간 같은 것들이 다 규격화돼 있습니다. 굳이 따져보면 부장검사는 한 3급 공무원 정도로 볼 수 있는데 중앙부처로 보면 지금 과장이거든요.

최강욱 그렇죠. 과장은 자기 방이 없어요.

박성오 3~4급 정도면 과장이고, 2급이 되면 국장이 되는데 국장이 되어야 아주 작은 방이 생깁니다.

최강욱 그것도 없는 경우가 더 많아요. 요새는 칸막이 하나 놓고 지내죠.

박성오 그런데 지금 부장검사는 거의 차관이나 장관들이 쓰는 규모의 방을 사용하거든요. 실제로 입직 경로 등을 살펴봤을 때 검찰은 타 공무원에 비해 너무 과도한 대우를 받고 있습니다. 또 검찰의 구조 자체가 2,400명 중 반절가량이 부부장 검사 이상이라서 반은 관리자 간부잖아요. 그러니까 사실상 반은 일하고, 나머지 반은 그 사람들을 관리하고 있어요. 한 명 일하고 한 명이 관리하니까 다른 국가기관과 형평성이 전혀 맞지 않지요.

최강욱 그러니까 권한을 나누고 조직을 나누고 인력을 재배치해야 합니다. 수사관들도 사실은 국가수사본부로 옮겨야 하고요. 직급이나 이런 것들을 별도로 운영하는 이유가 정치적 중립이나 업무상의 독립성을 철저하게 잘 지키면서 공정하게 일하라는 차원에서 배려한 것인데, 도리어 그걸 이용해서 본인들의 이익집단을 증식시키는 수단으로 활용하고 있잖아요? 이것은 반드시 끊어내야 할 일이고, 그렇게 놔두면 왜 안 되는가를 지금 본인들 스스로 온몸으로 보여주고 있어요. 상징적인 중립성조차도 말로 자빠린 상황입니다. 행정부 소속의 공무원들에 비해 수당 체계부터 다른데 수당뿐 아니라 출장비 이런 것도 훨씬 더 받는단 말이에요. 심지어 법무부 장관이 받는 돈보다 검찰총장이 받는 돈이 모든 상황에서 더 많아요.

박성오 특활비 자체가 많죠.

최강욱 특활비뿐만 아니라 단순 여비, 출장비도 검찰총장이 훨씬 많다니까요. 이런 기형적 행태를 제자리로 돌려야 된다는 거죠.

박성오 특활비를 주는 이유가 청와대나 국정원 같은 경우는 정보 취득을 위한 용도이고 검찰 같은 경우에는 수사 비용이잖아요. 드러내놓고 영수증 처리하기 어려운 부분에서 쓰이는 수사비로 지급되는 건데, 실제 보면 수사에 사용하지 않고 그냥 검찰총장과 각 지검장 쌈짓돈으로 쓰는 거죠.

최강욱 제가 보기에는 그냥 조직 관리비예요.

박성오 통치 비용이죠, 내부 통치 비용. 이게 아시아권 문화이긴 한데요. 상관이든 누가 됐든 위에 있는 사람이 금액이 크든 작든 간에 지속적으로 자기한테 돈을 주고 관심을 보이면 그 사람을 따르게 돼요. 자신에게 애정이 있다고 느끼거든요. 그래서 자기 사람들 관리하는 비용으로 그 돈을 쓰잖아요. 말 잘 듣고 좀 자기가 챙겨주고 싶은 사람들 돈을 주고….

문제는 지금 이미 직접 수사하는 양이 엄청 줄었다는 겁니다. 모든 수사 개시권이 있다가 6대 범죄로 줄고, 다시 2대 범죄로 줄어서 이제 두 가지 남았거든요. 그러면 상식적으로 봐도 그 수사량이 준 것만큼 특활비를 줄여야 하는데 안 줄였어요.

그리고 나중에 수사를 완전히 제외하게 되면 특활비는 다 없애야 되거든요. 그런데 그 돈을 가지고 사실은 내부 줄 세우기를 해요. 본인들이 원하는 방향으로 후배가 사건을 틀어서 수사하면 더 격려해주는 식으로. 말 그대로 국민 세금을 내부 통치 비용으로 쓰는 거죠.

최강욱 앞에서 말했듯이 저는 군검찰에 오래 있어봤으니까, 당시 아직 군사독재의 향수에 물들어 있는 군대를 봤잖아요. 지금 검찰의 모습이 그때 군부의 모습과 진짜 너무너무 비슷해요. 사고방식이나 행동 양태나 조직 논리나 이런 것들이 너무 비슷해서 깜짝깜짝 놀랄 때가 있어요. '속성이라는 게 결국 똑같구나.' 하고 느꼈죠.

예를 들어 자기 지위나 위세를 드러내면서 조직을 관리하는 방식이 이런 거예요. 명절이나 일이 있을 때마다 줄 세워놓고 봉투를 나눠주는 겁니다. 한 줄로 세워놓고 봉투를 주면서 "회식이나 해." 그렇게 말해요. 예전에 이영렬 돈봉투 만찬 사건*에서 그 일단이 드러났죠. 그런 용도로 돈이 쓰이면서 '우리 집단의 이익에 반하지 않으면 너에게는 자리와 돈이 주어진다.' 이렇게 인식이 되는 거죠. 이런 게 있어야 그 조직으로 서로 진입하고 싶어 하고….

군사정권 당시를 보면 돈 있는 기업이나 심지어 국회의원조차도 그 지역의 군 부대장한테 돈을 갖다주는 게 자기가 생존하는 굉장히 유효한 일종의 수단이자 로비 방식이었거든요. 그런데 지금 보면 재벌이나 돈 가진 사람들이 일단 검사 사위를 얻고 싶어 하잖아요. 그리고 스폰서 문제가 계속 드러나고 있는 것들을 보면 지금 결국 군사정권 당시랑 양태가 똑같아요.

---

* 2017년 4월 21일 이영렬 서울중앙지방검찰청장과 안태근 검찰국장이 서초동 소재 한 음식점에서 검찰특별수사본부 간부 6명과 검찰국 1, 2과장에게 돈봉투를 건넨 사건. '건강 잘 챙겨야 한다.'면서 각각 70만~100만 원가량을 소위 격려금으로 주었다. 이 사건으로 사건 당사자인 이영렬, 안태근은 사임했으며 현재 변호사로 활동 중이다. 하지만 관련 재판에서는 최종적으로 무죄 판결을 받았다.

박성오 맞습니다. 특활비 문제도 개선이 시급하고요. 또 하나 지적하고 싶은 것은, 헌법에 명시된 검사라는 용어를 지워야 한다는 점입니다. 이건 개헌을 해야 하는 문제지만.

최강욱 영장청구권 앞에 있는 검사라는 거죠?

박성오 예, 그렇죠! 대한민국에서 계속 흑역사를 만들었던 검사라는 것을 완전히 없애고 공무원법상 기소관이 되는 거예요. 수사를 하는 사람이 수사관이면, 기소를 하는 사람은….

최강욱 기소관이 되어야죠.

박성오 그렇죠? 그렇게 가는 게 맞아요. 지금은 헌법 자체에 '검사가 영장 청구를 독점한다.'라고 돼 있고, 용어가 또 검사가 있기 때문에 말도 못 바꾸고 영장청구권을 나누지도 못하잖아요. 그러니까 궁극적으로 헌법 개정을 할 때 검사 용어를 지우고 '영장 청구는 법률로 정한다.'라고 규정하는 거죠. 거기까지만 가면 제도적으로는 완전하게 일단락되지 않나 생각합니다. 그럼에도 불구하고 만약 이 기소관들이 그 기소 여부를 가지고 계속 장난을 친다고 하면, 미국처럼 배심원제도를 추가해서 독단적으로 판단하지 못하게 하는 것까지 할 수 있겠죠.

현재 사법부에서는 국민참여재판을 시범적으로 하고 있지만 배심원제하고도 다 같이 도입을 해야 되겠지요. 그 단계까지 가면 더 이상은 검찰이 특정 사건을 가지고 정치적 이슈를 일으켜서 정치권을 쥐락펴락하거나, 검사를 내세워 집권하는 그런 일들이 다시는 없지 않을까 하는 기대를 해봅니다.

검찰 외의 권력기관 개혁,
무엇이 더 필요한가?

최강욱 지금 검찰의 짙은 그늘에 가려서 암약하고 있는 권력기관 개혁의 문제도 있습니다. 이들은 계속 과거로 돌아가기를 꿈꾸고 있죠. 대표적으로 국정원이 있고요. 그다음으로 경찰은 여전히 권력 굴종적인 모습을 보이는데 이것을 어떻게 할 것인지 그 과제가 계속 남아 있습니다.

박성오 사람의 문제와 제도의 문제들이 있는데 지금 국정원 같은 경우에는 실제 법상으로는 정리를 해놨기 때문에 더 이상 제도적으로 손볼 부분은 아니고, 그 제도에 맞게 잘 작동하고 있는지를 지속적으로 감시해야 하는 부분 같습니다.

최강욱 맞아요.

박성오 최근에 보면 '우리도 검찰만큼 제도적 개혁이 필요해요.'라고 스스로 손을 든 곳이 감사원인 것 같고요.

최강욱 그렇지, 그렇지! 진짜 손들었어요.

(두 사람 웃음)

박성오 '저희도 좀 관심 가져주세요.' 뭐 이런 느낌이랄까요. 지금까지 감사원법과 달리 감사원법에 있지 않은 내용을 감사원 감사 사무규칙에 만들어놓고 운용했지만, 지금까지는 감사원 안에 감사원장이라든지 감사위원들이 일반적인 관례와 상식을 넘지 않는 수준에서 판단하고 해왔기 때문에 어느 정도 용인된 부분이 있었거든요. 그런데 지금은 아주 노골적으로 검찰과 합을 짜고 달려드는 수준이 됐지요.

예전만 하더라도 어쨌든 감사원이 감사위원으로 구성된 합의제 기구이기 때문에 감사위원회에서 걸러질 건 걸러지고, 정리될 건 정리되게끔 필터링이 되어왔어요. 그런데 지금은 거의 사무총장 개인이 독단적으로 움직이고, 그걸 제어하지 못하는 감사원장이 끌려다니면서 사실상 감사위원들을 무시하고 결정하고 발표하고 하는 일들이 계속 벌어지고 있습니다.

이런 문제들이 재발하지 않도록 법적·제도적으로 명확하게 정비가 되어야 합니다. 나중에 또 감사원 사무총장 같은 그런 사람들이 하나만 들어가면 또 같은 문제가 반복되잖아요? 검찰개혁 다음으로 제도적으로 관심을 가져야 하는 곳은 감사원이라고 생각합니다. 아예 외국처럼 분리해서 회계감사권을 국회 소속 기관으로 넘기는 방법도 있을 것 같고요. 그다음에 감찰 기능은 총리실이나 이쪽에 기존의 감찰 기능하고 합치는 방법도 있을 것 같고요. 그런데 이것 역시 그 정도의 기관 분리를 하려면 헌법 개정이 필요하죠. 그 전 단계에서 감사원 사무총장이나 사무처가 위원들의 관리를 받지 않고 독단적으로 의사결정하는 것들을 최대한 막을 수 있을 정도의 감사원법 개정도 필요하고요. 헌법 개정할 때 기구를 아예 재편하는 문제도 추가적인 고민이 필요한 것 같습니다.

최강욱 갈 길이 멀고 해야 할 일이 많아요. 문재인 정부가 추진했던 국정원의 국내 정보 수집 기능을 차단하는 것은 하여튼 꼭 지켜내야 할 문제이고요. 대공 수사권 이관 문제도 지금 다시 또 국정원이 갖겠다고 하는 상황이잖아요. 이런 문제도 빨리 정리가 돼야 할 것 같고… 경찰은 사실 수사행정경찰을 분리했다고 하지만 국가수사본부가 지금

간판만 있지 지방경찰청은 또 여전히 옛날처럼 그대로 움직이고 있는 면이 있어서 우리가 더 해내야 할 지점이 생기는 것 같고요. 자치경찰 문제도 여전히 숙제로 남아 있습니다. 국세청도 사업하는 사람들과 서민들을 위협하는 존재로 움직이면 진짜 폐해가 크거든요.

다음 국회가 해야 할 일이 진짜 많은데 이런 부분들에 대한 인식을 명확하게 가진 분들이 많이 들어가서 의견을 모으고 활동하셨으면 좋겠습니다.

공수처가
제 역할을 하기 위해서는

최강욱 마지막으로 공수처 문제인데, 지금 국민들이 공수처에 대한 불만이 많으세요. 21대 국회 초기에 공수처 설치가 굉장히 중요한 국민적 열망으로 많이 올라왔었고 의원실마다 공수처 설치라는 현판이 붙어 있기도 하고 막 그랬었는데….

박성오 한때 검찰개혁의 상징이었죠.

최강욱 문재인 대통령도 말씀하셨지만, 공수처기 검찰 견제를 위해 만든 조직은 아니거든요. 사실은 대통령의 측근 비리나 특권을 가진 쪽에서 힘을 이용해서 빠져나가는 문제, 이런 것들을 해결하기 위한 장지예요. 그런데 지금 좋이호,

랑이가 된 거 아니냐는 이런 얘기들이 있단 말이죠. 그렇게 된 이유와 이걸 어떻게 바꿔야 할 것인가 얘기를 좀 해봅시다.

박성오 국민들은 '대선에 이기고 정권을 잡으면 뭐든 개혁도 가능할 것이다!' 이렇게 생각하시는 경향이 있습니다.

최강욱 그렇죠. 그것도 전광석화처럼 일거에!

박성오 대선에서 승리를 한다는 것은 국정을 맡아서 운영한다는 것이고, 또 국정을 운영한다는 것은 사실은 국회에서 만들어진 법에 맞게 정책을 운용하고 정부 기관들을 운용하는 거잖아요. 사실상 개혁 과제들은 국회의 몫입니다. 물론 대선에 이겨서 정권을 잡으면 정부 여당이 협력해서 대선 당시에 공약했던 사항들, 여당의 입장에서도 큰 틀에서 봤을 때는 국민과의 약속을 지키는 일이기 때문에 적극적으로 추진해서 법제화하는 것이죠.
그런데 공수처법이 통과될 당시에 민주당 의석이 130석 내외였어요. 그렇다 보니 민주당만 가지고 개혁 법안들을 할 수가 없고 연합을 해야 하는데, 여러 당의 협조를 받아서 진행을 하다 보니 내용이 많이 축소됐어요. 민주당에서 설계한 공수처법 원안대로 가지 못했죠. 인원은 당연히 민주당 의원들의 수가 많지만, 한두 명이 이탈되면 신속처리안건 지정이 안 되거나 처리가 안 되거든요. 그러다 보면 사실 나중에 결정권은….

최강욱 한 사람한테 매달려야 돼. 한 사람! 하하하!

박성오 그 사람이 '나 이거 해주면 하고 이거 안 해주면 안 해!' 해버리게 되거든요. 그러면 모든 결정권은 그 사람이 지니게 됩니다. 왜냐하면 저희는 어쨌든 법안은 통과시켜야 되니까요. 그렇다 보니까 법도 사실 원안보다 많이 축소됐고, 절차도 처음에 설계했던 것보다 좀 찌그러진 게 있죠.

최강욱 그때 청와대에 있을 때였는데요. 강짜 부리는 의원 한 사람을 보면서 '의원 한 사람이 진짜 소중하고 대단하구나.' 하는 걸 느꼈었어요.

박성오 "제발 해달라. 다 들어줄 테니까 해달라."라고 읍소했죠. 그러다 보니 처음 기대보다 좀 많이 축소된 법이 통과되었어요. 그리고 기대감은 작더라도 정말 공수처가 해야 되는 사건, '이건 검찰에서 제대로 안 할 테니까 공수처가 이 사건을 맡아야 된다.'라고 국민들이 기대하는 그런 사건들을 해야 되는데, 아쉽게도 공수처 1호 사건*이 워낙 많은 사람한테 실망감을 준 것도 사실이고요.

군이 좀 희망적으로 얘기를 하자면 어느 기관이든 신생 기관일 때는 자리를 못 잡고 또 워낙 인원도 적고 그럴 수 있습니다. 그렇다고 해서 없애버릴 것인가, 그런 건 아닌 것 같고요. 계속 인원도 보강하고 어떻게 하면 검찰의 직접적인 관여에서 좀 더 많이 분리시킬 거냐 하는 고민들이 필요합니다.

신생 기관을 만들다 보니까 초반에 검사 출신들을 받을 수밖에 없고 수사관들도 마찬가지죠. 그러다가 자리를 잡고 역량이 생기면 그 안에서 인력을 양성하는 문화도 생기고, 새로운 공수처 수사관이나 공수처 검사같이 완벽하게 독립하게 되지 않을까. 그렇게 되면 좀 더 역할을 잘할 수 있지 않을까 하는 기대감이 있습니다.

최강욱 제도적 맹점을 그간에 확인한 게 있으니까 그것도 국회가

---

* 공수처 출범 후 '1호'로 수사한 건은 조희연 서울시 교육감을 대상으로 한 해직교사 5명의 부당 특별채용 의혹이었다. 조 교육감은 서울중앙지검 형사1부로부터 직권남용권리행사방해죄 및 국가공무원법 위반죄로 불구속 기소됐다.

책임져야 할 몫이죠. 예산 문제도 그렇고, 인력도 그렇고.

박성오 공수처법을 차후에 좀 개정을 한다고 하면 인원도 늘려줘야 되고요. 그리고 공수처만의 고유한 수사팀과 수사 기능들이 살아나게끔 검찰 출신들이 좀 오지 못하도록 제한하는 장치도 필요합니다. 최소한 처장이라도 검찰에 있었던 사람이 이제 공수처장으로 가는 일은 없도록 조금 법적으로 제한해야 하지 않을까 싶습니다.

최강욱 공수처장 임기가 끝나면 또 정순신을 능가하는 사람을 공수처장으로 임명한다는 얘기가 나옵니다.

박성오 그렇게 되면 공수처가 참 안타깝지만 별도 중수부로 전락할 수도 있는 안타까운 일이 생기겠죠.

최강욱 정권의 흉기가 될 수도 있죠. 세상을 바꿔나가는 일이, 그것도 국민의 마음을 모아 절차를 밟아서 시스템을 설계하고 안착되도록 한다는 일이 얼마나 어려운 일인지 이 대담을 통해 많이 확인된 것 같습니다. 그러기에 국회의 역할이 정말 소중하고 또 이런 경험을 바탕으로 능력 발휘를 할 수 있는 분들이 국회에 좀 많이 신출했으면 좋겠다 이런 생각이 듭니다.

박성오 권력기관 개혁, 특히 검찰개혁은 한 번의 법 개정이나 제도 정비로 끝나는 게 아니라는 점은 지난 7년의 과정에서 확인되었지요. 그래도 한발 한발 전진하고 있는 우리가 이기고 있다고 저는 생각해요. 국회의 구성도 중요하고, 정권 교체 과정에서의 냉철한 기획과 준비도 필요한 일인 거 같아요. 가장 중요한 것은 견디기 쉽지 않지만, 언젠가 국민과 함께 우리가 이길 것이라는 확신이라고 생각합니다.

4장

나는 간다,
'공정하고 정의로운 세상'을 향해

광진구에서 주민들을 만나면
정치적으로 답답함을 느끼면서
뭔가 변화했으면 하는 마음이 간절하더라고요.
인근 지역에 비해
상대적으로 활력이 떨어진 부분에 관한
답답함도 많은 것 같습니다.
또 지금 검찰독재 정부에 대한
대응 방식도 바꾸어야 한다는 요구도 강했습니다.

1년 넘게 뛴
검찰독재정치탄압대책위원회

Q. 지난해부터 더불어민주당의 검찰독재정치탄압대책위원회 기획위원장으로 참여하고 계십니다. 어떤 계기가 있었습니까?

박성오 제가 위원회에 합류한 것은 2022년 10월부터였습니다. 지난해 5월 초 청와대 퇴직을 하고 한동안 휴식기를 가졌는데요. 정권 교체가 되고 5월 10일부터 윤석열 정부인 제6공화국이 출발했습니다. 그때부터 문재인 전 정부에 대한 수사나 감찰 조사, 이런 것들이 과하게 이루어졌습니다.

전 정부에서 함께 고생했던 분들이 불합리하게 그 타깃이 돼 부당한 조사를 받거나 탄압받는 것을 지켜보는 제 심정은 그야말로 답답했습니다. 또 이재명 대표를 비롯해 더 더불어민주당 주요 인사들이 여러 가지로 수사를 받고 있습니다. 이런 상황을 그냥 지켜보고만 있어야 하는 현실에 대해 안타까워만 하고 있을 즈음 주변의 권유가 있었죠. 민정수석실에서 오래 근무했던 소중한 경험이 있으니 대책위에 들어와서 힘을 합해보는 게 어떻겠냐고요. 그렇게 자연스럽게 동참하게 됐습니다.

Q. 정치권을 보면 보통 이름만 걸어놓고 활동은 안 하는 분들도 꽤 많은데 박 위원장은 본인 스스로 평가하기에 어떤 사람이었습니까?

박성오 '열심히 했냐?', '그렇지 못했냐?'라는 주관적인 평가를 제가 직접 하기에는 좀 그런데요. 우리 대책위에 참여하는 의원님이 40여 명이 넘습니다. 그렇다 보니 매주 40명이 다 모여서 회의를 하기에는 무리가 따르죠. 그래서 간사나 대변인 등 직책을 맡은 분들 10여 명은 일주일에 한 번 매주 월요일 모여서 회의를 합니다. 매주 그 주의 현안에 대해 회의를 하면서 구체적으로 어떤 방식으로 대응할 것인지 논의하고 직접 고발장을 내거나 성명서를 내기도 하죠. 그리고 항의 방문을 하기도 하고 집회를 열기도 합니다. 대통령실 앞에서 1인 시위를 하기도 하죠.

어느새 1년 정도 지난 것 같은데요. 그간 나름 여러 가지 활동을 했습니다. 제가 기획위원장이다 보니 매주 회의 전에 발제를 모으거나 또 직접 찾아내서 회의 자료를 준비합니다. 회의에 참여해 참여한 분들과 함께 구체적인 활동 계획을 논의하고 실행으로 옮기는 역할도 함께 했습니다.

Q. 기획위원장이지만 어떻게 보면 위원회를 총괄하는 그런 역할을 하셨군요. 바쁘게 움직여야 하셨겠어요?

박성오 나름 부지런하게 일한 것 같습니다. 발제, 논의, 실행 이 전반적인 과정을 주도적으로 이끌어야 하니까 그만큼 한가할 틈이 없었죠. '성명서를 내자.'라고 의견이 모이면 성명서를 써야 하고 '집회를 하자.'라고 하면 인원도 모아야 합니다. 집회 같은 일은 사실 저 혼자 발 구른다고 되지 않죠. 실행으로 옮길 때는 당연히 당직자들, 의원실 보좌관들까지 합세해 준비하고 같이 움직였습니다. 지금까지 그런 식으로 이어왔습니다.

Q. 큰 축으로 보면 이재명 대표와 관련된 수사에 대한 대응이 있을 거고 또 문재인 전 대통령 시절에 함께했던 장관부터 청와대 멤

버들 관련된 수사도 있을 것 같아요. 그리고 여타 의원들 관련된 수사도 있지 않습니까?

박성오 크게 보면 거의 그렇죠. 과도한 감찰이나 수사에 대한 대응도 있지만 반대로 감사원 같은 경우는 무리하게 정치보복적인 감사를 했거든요. 그 과정에서 법을 위반한 문제들은 저희가 반대로 고발 당사자로 나서기도 했죠. 다시 말하면 현 정부의 권력기관 중 문제가 있었던 곳은 우리 대책위 차원에서 고발한 것이 여러 건 있습니다. 중앙지검이나 감사원이 그 대표적인 사례입니다.

Q. 활동을 하다 보면 이런저런 애로점이나 사연들도 많았을 텐데요. 기억에 남는 에피소드가 있습니까?

박성오 2022년 겨울부터 대통령실 앞에서 검찰독재정치탄압대책위가 주도해 의원들 중심으로 1인 시위를 했었는데요. 아침에 하다 보니까 매우 추웠습니다. 힘이 들긴 했지만 기자들이 현장에 와서 인터뷰도 하고 그렇게 해서라도 목소리를 내고 진실을 널리 알리는 일은 나름 의미가 있는 일이었죠.

또 수비만 하는 것은 한계가 있고 동시에 검찰독재에 대

2023. 3. 22. 더불어민주당 검찰독재정치탄압대책위원회 위원장인 박범계 의원(가운데)이 감사원에 대한 수사를 촉구하기 위해 경기도 과천시 고위공직자범죄수사처(공수처) 방문에 앞서 입장을 밝히고 있다. 사진 오른쪽 박성오 기획위원장.

2023. 5. 11. 더불어민주장 검찰독재정치탄압대책위원회는 서울시 종로구 서울경찰청에서 자본시장과 금융투자업에 관한 법률(자본시장법) 위반 혐의로 검긴희 여사에 대한 고발장을 접수했다. 왼쪽부터 최강욱, 박범계, 박성오.

한 공세적인 대응을 해야 한다고 판단했습니다. 대표적인 예로 검찰에서 흐지부지하면서 수사를 하지 않고 있는 김건희 여사의 주가조작 혐의에 대해 '이것은 법의 심판을 받게 하는 게 맞다.'라는 차원에서 특검법을 추진했습니다. 작년 가을 민주당에서 발의했는데 법사위(법제사법위원회)에서 조정훈 의원의 반대 때문에 의결도 안 되고 신속처리안건 지정도 안 됐습니다.

그런데 국회법에 따라 상임위가 아닌 본회의에서도 신속처리안건 지정이 가능한 방법이 있었습니다. 제가 매주 회의 의제를 준비해서 발제하고 있는 민주당 검찰독재정치탄압대책위원회에서 여러 번 본회의 신속처리안건 지정을 제안했었고, 차츰 대책위 내에서 공감대가 형성되었습니다. 개인적으로 잘 알고 있는 의원들과 당직자들에게 지속적으로 제안하고 설명했습니다. 그사이에 도이치모터스 주가조작 사건의 재판 과정에서 김건희 여사의 구체적인 혐의들이 더 드러나고, 뉴스타파 등 언론을 통해서도 검찰의 부실 수사 의혹이 더 제기되는 상황이었습니다. 몇 달 걸리긴 했지만 자연스럽게 당론으로까지 채택되었습니다.

Q. **그게 바로 박 위원장이 직접 기획을 해서 제안한 것이었군요?**

박성오 그렇습니다. 국회상임위원회인 법사위 차원에서는 통과시킬 수 없었기 때문에 유일한 방법은 본회의 신속처리안건으로 지정하는 일이었어요. 제가 처음 출연했던 유튜브 채널 '박시영TV'에서도 그 과정을 설명한 적이 있었는데요 그때 믿을 만한 분들한테 '의견을 좀 같이 내달라.', '당의 결정이 되게 해달라.'라고 요청하면서 적극적으로 어필을 했던 기억이 납니다.

대책위 차원에서 의견을 내고 최강욱 의원 등 민주당 의원이 100명 넘게 철야 천막 농성에 참여했습니다. 그러다 보니 국민적인 여론도 특검에 대해 압도적으로 찬성했고 정의당 당원들도 동의하면서 정의당 지도부를 압박하는 효과도 있었죠. 이런 노력이 모이면서 결국은 국회 문턱을 넘은 겁니다. 그래서 지금 쌍특검 중 한 축인 김건희 여사와 도이치모터스 관련된 특검이 본회의에서 신속처리안건으로 180석을 넘겨서 처리된 겁니다.

Q. **정말 큰일을 하셨네요. 가장 기억에 남는 성과라고 할 수 있겠습니다.**

박성오 방어하고 대응하는 일을 아무리 잘한다고 해도 백이면 백 다 막을 수는 없어요. 우리가 아무리 열성을 다해 노력

하더라도 안타깝게 처벌이 되고 기소가 되고 재판에 넘겨진 분들이 있습니다. 스포츠에서 "공격이 최선의 방어다."라는 말이 있습니다. 그러니 특검법 추진은 일종의 공격으로 얻어진 성과였다고 할 수 있습니다.

Q. 이재명 대표를 둘러싼 전방위적 수사가 진행돼오지 않았습니까? 검찰의 움직임을 보면 여전히 끝나지는 않은 것 같고요. 앞으로도 계속 더 어떤 일이 벌어질지 모르겠습니다만 지금까지 검찰의 수사 내용이나 기소 내용을 보셨을 것이고 또 진행 중인 재판들을 보고 계실 겁니다. 이런 부분에 대해 어떻게 평가하십니까?

박성오 시쳇말로 '제거해야 한다.'라고 작정했을 때 취하는 형태의 보여주기식 표적수사 방식입니다. 그 무언가 하나로 시작하고 또 옆으로 가고 다시 옆으로 가지를 치면서 여러 가지를 순차적으로 수사를 진행합니다. 이를테면 수사해서 성과가 안 나오면 또 다른 부분을 건드리면서 이른바 '칼을 비트는 별건 수사'라고도 하죠.

검찰 측 자신들조차도 명확하게 문제가 뭔지도 모르면서 이것도 문제가 있다고 하고 저것도 문제가 있다고 하면서 국민들에게 혼란을 줍니다. 일반 국민들로서는 여러 번 들

2023. 9. 11, 이재명 대표 탄압과 검찰권 남용 규탄 회의

다 보면 아무튼 뭔가 문제가 있는 것 같다는 생각을 갖게 됩니다. 즉 유죄의 심증으로 남게 되는 겁니다.

이렇게 되면 당연히 부정적 이미지가 쌓일 수밖에 없습니다. 여기에 간혹 검찰에 잘 협조하는 사건 관계자인 누군가의 증언이 나오면 그 내용을 의도적으로 언론에 흘리죠. 이런 식으로 유죄의 심증을 굳혀놓고 동조하는 여론이 만들어지면 증거가 다소 부족하더라도 기소를 해버리는 겁니다.

Q. **지금 몇 건은 기소가 됐고 재판이 진행 중인데요. 가장 앞서 진행되고 있는 것이 대장동 건인데 사업계획 수립 당시부터 마치 뭔가 많은 문제가 있었던 것처럼 증언을 한 유동규 씨의 증언이 재판에서 대부분 신빙성에 의심을 받고 있습니다.**

박성오   계속해서 말이 바뀝니다. 그때그때 다르거든요. 본인의 재판과 다른 관련자들의 재판에 여러 차례 출석하고 있는데 출석하는 법정마다 얘기가 달라집니다. 이쪽 법정에 가서 이렇게 얘기했다가 며칠 후에 다른 법정에 가서는 또 다르게 얘기를 합니다. 그러니 앞뒤가 안 맞아요.

더욱이 재판에서는 유동규 한 사람 증언에만 의존을 하는 식인데 그 증언마저도 오락가락합니다. 또 증언 시 자기가 직접 보고 들은 게 아니라 한 다리를 건너서 '누가 그렇다고 하더라.'며 들었다는 식이거든요. 실제로 본인이 보고 듣고 느낀 기억으로 증언을 할 때는 그렇게 헷갈리지 않습니다. 하지만 그 기억이 누군가가 심어준 기억이었을 때는 헷갈릴 수밖에 없습니다. 이런 면면을 보면 누구라도 이미 그 재판에 참여하는 사람들과 법정에 대한 신뢰를 갖기 어렵습니다.

Q. 그렇죠. "너 그때 얘기한 것과는 다르잖아?" 이렇게 심문하면 그때 또 엉키는 그런 식이죠?

박성오 맞습니다. 그래서 저는 여러 가지를 종합해서 볼 때 유동규의 기억은 심어진 기억이라는 느낌이 많이 들더라고요. 물론 재판이 아직 진행 중이기 때문에 최종적으로 결과를 지켜봐야 하겠지만 신뢰성에 있어서 '이건 아니다.'라는 생각을 하지 않을 수 없습니다.

Q. 문재인 전 정부 인사들과 관련된 수사도 있는데 여기에 대해서는 전반적으로 어떻게 평가하고 있습니까?

박성오 가장 먼저 시작된 것이 '서해 공무원 피격사건'입니다. 정권이 바뀌면서 당시 사건에 관여했던 국방부와 해양경찰청에서 입장을 번복하면서 기다렸다는 듯이 감사원이 감사에 들어갔습니다. 아직까지도 감사원의 정식 감사 보고서는 나오지 않은 것으로 알고 있습니다.

그런데 특이하게 감사원이 감사 도중에 마치 결과를 발표하는 것처럼 그 내용을 검찰에 넘기고 검찰은 그것을 받아서 수사합니다. 이게 일련의 시나리오처럼 진행이 돼왔어요. 정상적으로 어떤 문제점이 드러나서 다시 한번 들여다봐야겠다고 하면 그에 따라서 다시 점검해볼 필요는 있습니다. 하지만 이 사건은 난데없이 튀어나오고 당시에 조사하고 수사했던 기관들이 입장을 갑자기 바꾼 겁니다. 입장을 바꾸려면 당시에 확보되지 않았던 어떤 새로운 증거나 증언 또는 관련 자료들을 내놓아야 하는데 아무것도 새로 밝혀진 것도 없고 달라진 것도 없어요. 막연히 단순하게 판단만 달리하는 겁니다. 그러니 이건 애초부터 전 정권을 흠집 내기 위한 수단으로밖엔 볼 수가 없는 것입니다.

Q. 검찰이 의도를 가지고 수사했다는 것으로 보이는 이 사건들이 결국엔 어떻게 될 것 같습니까?

박성오 '대장동 사건'과 '서해 공무원 피격사건' 둘 다 재판 중이어서 결과는 지켜봐야 하겠죠. 하지만 검찰이 처음부터 큰 그림을 그리고 들어왔을 겁니다. 그런데 막상 해보니 그럴 만한 거리가 안 된다는 판단이 내려질 수 있습니다. 이럴 경우 자신들이 예상했던 대로 되지 않더라도 각 사건과 일부 관여돼 있는 공무원들의 업무상 실수나 작은 위법적 요소 정도는 찾아낼 수도 있습니다. 그런 부분까지 결과를 '100% 장담한다.'고 예단하기는 어렵습니다. 다만 이런 프레임에 대해서는 결코 사실이 아니며 크게 걱정할 사항은 아니라고 봅니다. 고의적으로 사실을 왜곡했기에 재판부가 현명하게 판단할 거라고 믿습니다.

국민 모두 자존감 커지는
세상 만들 터

Q. 지난번 〈김어준의 다스뵈이다〉에 출연을 했었잖아요. 그때 하고 싶은 말을 마음껏 했습니까?

박성오 아직은 방송에 익숙하지 않다 보니 말도 좀 느렸던 것 같고 무엇보다도 실수하지 말아야 한다는 생각에 치우치다 보니 긴장도 많이 했던 것 같습니다. 두 번 출연하고 나니 이제는 '방송이 이런 거구나.'라고 감은 잡았습니다. 앞으로는 더 매끄럽게 또 속 시원하게 할 말 다 하면서도 내용을 잘 전달하는 방송을 해야겠다는 다짐을 했습니다.

Q. 방송 나가면 친구들이나 아는 분들로부터 연락 많이 오지 않나요? 〈다스뵈이다〉는 많이 보는 매체잖아요?

박성오 솔직히 말해 제가 방송을 잘할 자신이 없어서 "나 여기 나갑니다."라고 주변에 자랑은 못 했습니다. 그런데 다들 보고 나서 "지난번보다 많이 좋아졌다."라는 말을 해주더군요. 김어준 씨가 조국 전 수석에게 '더새로포럼' 멤버 중 부를 만한 사람이 있으면 추천해달라는 말을 했다고 하는데 그것이 그 방송에 나가게 된 계기가 되었습니다.

Q. **더새로포럼은 어떤 분들이 주로 참여하고 있나요?**

박성오 더새로포럼은 총선 승리를 위한 혁신 방향을 추구하는 더불어민주당 원외 인사들의 모임입니다. 꼭 '출마'나 '공천제도'에 국한되지 않고 주요 현안들에 대해 현역들보다 좀 자유롭게 또 필요한 부분이 있으면 좀 더 강력하게 의견을 내면서 공동으로 뭔가 활동을 해보자는 취지에서 결성됐습니다.

일부에서는 특정 그룹 또는 계파로 보는 시각도 있는데 결코 그렇지 않고 구성원도 다양합니다. 한두 번 출마했던 분도 일부 있고 또 지역에서 자치단체장을 하셨던 분들도 있지만 학계에 계셨던 분들도 있고 청와대에서 같이 근무했던 사람들도 있습니다. 대다수가 정치 신인이라고 보면 됩니다.

2023년 8월 더새로포럼 검찰개혁법 추진 촉구 기자회견

Q. 차기 총선에 도전하는 것으로 알고 있습니다. 이제 정치에 본격적으로 몸을 담게 됐는데요. 본인은 어떤 세상을 지향하며 어떤 정치를 하고 싶습니까?

박성오 함축적으로 말씀드리면 저는 '공정하고 정의로운 세상'을 만드는 일꾼이 되고 싶습니다. 국민 모두가 자존감을 갖고 살 수 있는 나라를 만드는 데 일조하고 싶습니다.

제가 말하는 '공정하고 정의로운 사회'는 현 정부가 드러낸 불편한 면면과 무관하지 않습니다. 현실적으로 지금은 특정 권한과 특정 권력이 국가 체계를 많이 훼손하는 부분이 있기 때문에 그것을 바로잡는 것이 중요하다고 봅니다. 바로 검찰개혁을 포함한 권력기관 개혁의 완성입니다.

그다음은 '국민 모두가 자존감을 가질수 있도록 하겠다.'는 것입니다. 언제부터인가 우리나라가 경제적으로, 사회적으로 약자에 대한 배려가 약해졌습니다. 공평과 공정은 차이가 있습니다. 무조건 '공평'을 내세울 게 아니라 공평을 뛰어넘는 '공정', 그러니까 약자에 대해 제도적으로 배려하는 사회를 만들고자 합니다. 국민이 받아들일 수 있는 정도의 제도와 의식이 보편적으로 통용되는 세상이죠. 이를 위해 법과 제도를 바꾸는 작업을 하는 것, 그것을 저의 소임이자 소명으로 삼고 싶습니다.

Q. 대한민국 국민이라면 어느 누구든 어떤 차별도 없이 함께 어울릴 수 있는 사회, 함께 행복한 사회, 이런 사회를 바란다는 거죠? 국회의원이 되면 '1호 법안을 무엇으로 하고 싶냐?'라는 질문들을 많이 받는다고 합니다. 이 부분에 대해 생각하신 게 있나요?

박성오 저는 어찌 됐든 1호 법안은 검찰개혁과 관련해 수사와 기소를 완전히 분리하는 법안을 추진할 계획입니다. 그다음은 앞에서 말씀드린 약자에 대한 배려를 위한 제도적인 부분에 관심을 갖고 추진할 것 같습니다. 다시 말하면 '이것이 공정한 사회다.'라고 느낄 수 있는 법과 제도를 만드는 노력을 기울일 것입니다.

일례를 들어보겠습니다. 지금 우리 사회는 IT 기반의 플랫폼 사업들이 골목시장까지 깊숙이 침투해 있습니다. 수십 년간 시장 골목에서 족발을 맛있게 삶아 팔아온 할머니의 가게도 그런 배달 플랫폼에 등재되고 거기에 수수료를 내지 않으면 장사가 안 될 정도의 세상이 돼버렸습니다. 그런데 배달 플랫폼에 수수료를 지급하다 보면 남는 게 별로 없습니다. 배달 수수료가 일종의 세금이 돼버린 셈이죠. 사실 우리는 이런 것들이 없었던 세상에서도 잘 먹고 잘살았는데 지금은 그것에 동참하지 않으면 퇴출이 되고 마는 그런 시대입니다.

저는 이런 것들이 공정하게 보이지 않습니다. 그렇다고 우리가 IT 혁명을 무시하고 30년 전으로 돌아갈 수는 없는 일이죠. 그래서 IT 기반의 비즈니스가 골목상권까지 침해하는 것들을 보완할 수 있는 방법, 즉 그런 법안을 염두에 두고 있습니다. 이것이 참 어려운 숙제인 것 같아요. 기술혁신은 앞으로 더 속도를 낼 텐데 그것 때문에 되레 더 어려워지는 분들이 있다면 우리 사회가 그들은 어떻게든 보듬어 안고 가야 한다고 봐요. 사람을 위해 기술혁신이 필요한 거 아닙니까.

일부 IT 기업이 많은 부를 획득하는 과정이 어떻게 보면 상대적으로 IT에 취약한 약자의 경제적 이익을 침해하는 부분도 발생하고 있는 게 사실이거든요. 그렇다고 해서 IT 산업을 규제해야 한다는 그런 얘기는 아닙니다. IT 혁신은 그대로 육성하더라도 그로 인해 침해되는 부분을 어떻게 최대한 보완할 것인가에 대해 고민하고 해법을 풀어가야 겠죠. 물론 여기에 이견이 있는 분들도 있을 겁니다.

Q. 무엇보다도 지금 정치에 대한 국민의 불신이 굉장히 큽니다. 정치권에 대해 못마땅해하는 국민이 많은데 그 가장 큰 이유가 뭘까요? 왜 정치인들을 그렇게 믿지 못하고 또 정치에 대해 불신

을 하게 되는 걸까요?

박성오 첫 번째는 정치권이 보이는 일반적인 형태의 문제인 것 같고요. 두 번째는 정치인에 대한 문제인 것 같습니다.

첫 번째 문제를 놓고 보면 행정에서 처리할 수 있는 게 있고 정치를 통해 해결할 수 있는 문제들이 있습니다. 일반적으로 큰 갈등과 대립이 없는 것들은 행정에서 얼마든지 처리할 수 있습니다. 그런데 그 갈등이 커지고 쟁점화되는 것일수록 정치권의 이슈가 됩니다. 그러면 국회는 싸우는 곳이 되죠. 어떻게 보면 이것은 정당한 싸움입니다. 다 풀어놓고 얘기해보자는 쪽으로 흘러가거든요. 그렇게 가다 보면 어느 순간에 합의안이 만들어집니다.

물론 합의안을 만드는 과정에서 양측이 서로 하고 싶은 얘기 다 하고 이를 통해 합의안이 나오면 그것으로 쟁점이 마무리됩니다. 이런 과정을 거칠 때 서로가 지치고 힘도 들지만 이게 바로 정치의 순기능이라고 봅니다.

하지만 순기능이 아닌 반대의 상황도 종종 발생합니다. 사회적 갈등을 봉합하고 대안을 만들어가는 과정에서 국회의 순기능을 보여주는 정당한 싸움이 아니라 정당 간 서로 자신들의 이득을 따져가며 싸우는 일도 빈번하게 발생하기 때문에 국회 내에서 일어나는 정치권력 간의 불협화음 그 전체에 대한 불신이 생기는 게 아닌가 싶어요.

두 번째 문제인 정치인에 대한 불신은 바로 이런 것이라고 봐요. 4년에 한 번씩 치르는 총선 시기가 오면 누구라고 할 것 없이 후보자들은 하나같이 국민을 위해 열심히 봉사하겠다면서 춥고 궂은날도 마지않고 여기저기 곳곳을 돌며 명함도 나눠주면서 인사를 하고 다닙니다. 그런데 국회에 입성하면 국민의 기대치에 못 미치는 다른 모습을 보이는 겁니다. 과도하게 사익을 추구한다든가, 아니면 국민 일반 정서에 봤을 때 용인되기 어려운 비도덕적이고 비윤리적인 행위를 한다든가 이런 것들이죠. 물론 몇몇 사람의 문제일 수도 있지만 그런 좋지 않은 면면들이 쌓이고 쌓이다 보니 국민들은 정치인들을 불신하게 될 수밖에 없습니다.

시간이 흐를수록 국민은 정치인 개개인에게 보다 더 엄격한 윤리와 도덕적 잣대를 들이데는데 변화는커녕 구태의연한 관행에 젖어 있거나 자신의 욕심과 욕망을 추구하는 정치인들로 인해 '불신'의 꼬리표를 뗄 수가 없는 상황이 된 겁니다. 모든 정치인이 자각하고 자성하며 스스로 변화를 추구하지 않으면 안 되는 문제라고 생각합니다.

Q. **최근 들어 특히 청년들이 가장 많이 힘들어하는 것 같아요. 취**

업 문제에 경제력 문제까지 더해져 있어요. 하지만 청년 세대를 위한 사회적·경제적 해법이 잘 보이지 않는 것 같거든요. 그래서인지 젊은 세대가 굉장히 움츠려 있는 듯한 모습입니다. 게다가 정치권은 물론이고 기성세대에 대한 불신도 큰 것 같아요. 이런 2030세대에게 어떤 희망을 주고 싶습니까?

박성오 '젊은 세대에게 무엇으로 희망을 줄 수 있나?' 이 부분은 솔직히 지금으로서는 저도 정확하게 자신 있게 말하기 힘듭니다. 그만큼 쉽지 않은 문제이기도 합니다.

그간 제가 지켜본 흔히 청년을 위한 정치라고 하면 기존 정치권에서는 젊은 친구 데려다가 자리를 주면서 '이게 청년 정치다.'라고 하거나 젊은 세대에 지원금을 주거나 일부 혜택을 주면서 '이것이 청년을 위한 정치다.' 이렇게 생각을 했던 것 같습니다.

이 두 가지 방식 다 아닙니다. 오늘의 청년들은 기성세대보다 훨씬 더 과잉된 경쟁 속에서 살아왔기 때문에 기본적으로 경쟁의 법칙에 대해 매우 민감합니다. 따라서 그들은 '우리에게 어떤 혜택을 주고 우리를 많이 데려가 써달라.'라는 식의 어떤 특별한 기회를 달라고 요구하는 것이 아니라 '우리의 시각에서는 사회구조가 이렇게 변했으면 좋겠다.'라는 입장입니다. 무엇보다도 공정이 사회 전반에

안착됐으면 좋겠다는 게 가장 큰 요구인 것 같아요. 저로서는 청년들의 그런 바람을 어떤 방식으로 풀어가야 할 것인지 더 많이 진지하게 고민을 해야 한다는 입장입니다.

Q. '공정한 기회', 이건 참 중요하면서도 거대담론이 됩니다. 굉장히 어려운 숙제인 만큼 사회적 대타협도 필요한 것 같기도 하고요. 정치의 길을 걷게 됐으니 색다른 질문 하나 할게요. 개인적으로 존경하는 롤모델 같은 정치인은 누구인가요?

박성오 아무래도 제가 5년간 모셨던 문재인 대통령입니다. 원칙과 소신 그리고 일을 풀어가는 방식에 대해 공감합니다. 또 무엇보다도 국민을 두려워하는 마음, 그 진심을 매우 존경합니다. 특히 문재인 대통령은 측은지심(惻隱之心)이 남다른 분이기도 해요. 어려운 사람들에 대한 따뜻한 마음이 넘치시죠. 사람에 대한 애정과 예의가 타고난 성품으로 느껴지기도 합니다. 그래서 제가 존경하고 사랑하는 분은 '정치인 문재인'이기 이전에 먼저 '인간 문재인'이라고 말하곤 합니다.

그다음 일을 하는 방식에 있어서 롤모델로 삼고 싶은 분은 조국 수석과 최강욱 의원입니다. 두 분은 뚜렷한 목표를 갖고 그것을 향해 두려워하지 않고 달려가는 용기가 남다릅니다. 그런 면들을 보고 배웠습니다. 일은 그런 방식으로 해야 한다는 생각이 커요. 리더의 역할은 측은지심에서 출발해야 한다는 얘기를 많이 하는데 문재인 전 대통령이 가졌던 그런 덕목은 참 좋은 것 같습니다.

공천, 현역·신인
동등한 기회 줘야

Q. 민주당 얘기를 해보겠습니다. 민주당의 혁신 과제가 많이 있습니다. 물론 국민의힘 또한 변화할 과제가 똑같이 있죠. 누가 혁신을 더 열심히 하느냐에 따라서 또 총선에 영향을 줄 수도 있다고 보는데 민주당이 바뀌어야 할 부분은 뭐가 있다고 보십니까?

박성오 당원들의 수가 많이 폭발적으로 늘었는데요. 예전에는 선거 때마다 조직 관리 개념으로 아름아름 직접 유도해서 당원으로 가입시켜 당원이 된 경우가 많았는데, 지금 늘어난 숫자를 보면 자발적으로 가입한 당원이 훨씬 더 많아 보입니다. 얘기인즉 누군가의 부탁을 받고 도와주기 위해 당원이 되고 당비를 내는 게 아니라 민주당에 대해 요구하는 게 많아졌기 때문에 스스로 온라인으로 당원 가입을 하고 당비를 내고 있는 것입니다. 그렇다면 당은 당원들이 참여할 수 있는 문을 더 활짝 열어놓고 적극적으로 당원들의 의견을 경청해야 할 의무가 있다고 봅니다.

기존에 조직의 부탁을 받고 들어온 당원들은 당의 지침이나 의견에 무조건 순응하는 편이죠. 하지만 자발적으로 들어온 당원들은 내 목소리를 내고 싶어서 당원으로 가입을 한 것이거든요. 그들의 목소리를 수용해야 하는 건 당연한 것입니다. 그들의 참여가 당의 혁신에 중요한 역할을 할 수 있다는 확신을 줘야 합니다.

또 과거 오프라인 시대의 조직 관리의 예를 들면 대의원제를 통해서는 당원 전원을 모으기 어려우니까 권한을 위임받은 대의원들이 주변 당원들의 견해와 입장을 대신하는 식이었습니다. 시대가 달라졌습니다. 온라인을 통해 직접 소통하고 확인할 수 있는 시스템들이 많습니다. 당원들의 권리를 누군가 대리할 필요가 없어졌습니다. 모든 당원이 목소리를 내고 또 토론하고 그 속에서 당의 혁신을 추구하는 문화로 바뀌어야 합니다.

Q. 당내 규정이나 제도를 가급적이면 당원들로부터 직접 목소리를 듣고 의사결정을 받을 수 있는 방식으로 바꿔야 한다는 거죠.?

박성오 맞습니다. 이제는 당 지도부가 기존 어떤 방식대로 당원들을 관리한다는 개념에서 벗어나 '당원이 당의 중심이다.'라고 인정하고 당원들의 의견이 최대한 많이 반영될 수 있게 당내 규정이라든지 제도, 그리고 시스템을 만드는 게 맞는 것 같습니다. 주요 정책 결정에 대해서도, 또 당론을 정할 때도 전 당원이 온라인 투표를 할 수 있도록 해야 합니다.

Q. 당원 여론조사를 실시할 수도 있죠. 하지만 과거의 경우 오프라인 방식을 취하려고 하니 비용이 많이 들어가서 그것을 자주 할 수 없었다고 말할 수도 있을 것 같아요.

박성오 그동안 당원 여론조사는 아예 없었습니다. 부끄러운 얘기지만 정책 결정 과정이나 현안 대응 방안에 대해 당원들의 의사를 파악하지 않았던 게 민주당의 역사입니다.
지금은 여론조사 시 특별히 돈이 들지 않는 방식이 있거든요. 바로 온라인 여론조사가 있잖습니까? 얼마든지 가능합니다. 이건 당에서 기득권을 갖고 있는 현역들의 의지에 달려 있다고 봅니다.
또 당원들의 참여 문제 외에도 예를 들면 경선에 있어서 출발선이 현역이나 도전하는 신인이나 동등한 위치에서 뛸 수 있도록 해주는 게 맞다고 봅니다. 당원은 본인들의 뜻을 대신할 민주당의 선수를 직접 뽑고 싶어 합니다. 4년의 의정활동을 보고 마음에 들지 않으면 선수를 교체하고자 하죠.

그런데 이미 당내 경쟁 자체가 현역 의원에게 유리하게 돼 있기 때문에 당원들의 의사와 무관하게 현역이 또 공천받을 가능성이 훨씬 더 큽니다. 현역보다 인지도가 낮은 신인은 오히려 지역 내에 누가 당원인지 명부를 받을 수도 없고, 현역처럼 의정보고회를 할 수도 없습니다. 하다못해 거리에 플래카드를 붙이는 것도 법적인 제재를 받고 있습니다.

Q. 현역 의원들은 여러 가지 유리한 부분이 있는 게 사실입니다. 그것을 어느 정도 인정해준다고 하더라도 신인들이 동등한 위치에서 뛸 수 있게끔 만들어줘야 하는 게 맞죠. 지금까지는 현역 위주의 공천 방식 아니냐 이런 불만들이 신인들에게 꽤 있지 않습니까? 어떻게 보십니까?

박성오 저도 도전하는 신인 정치인 중 한 사람입니다. 그러다 보니 마치 저의 권리를 주장하는 것처럼 보일까 봐 조금 조심스럽긴 합니다.

신인이 출마하는 데 걸림돌이나 장벽이 되는 것들에 대해 제거하고 낮춰주는 것이 당의 발전에 도움이 된다고 생각합니다. 그래야만 현역들도 더 긴장감을 가지고 의정활동을 하고 '내 평가가 좋지 않으면 언제든 교체될 수 있다.'라는 그런 긴장과 책임감을 갖고 더 열심히 뛰고 또 역량도 발휘한다고 봅니다. 이것은 곧 당의 발전으로 이어지는 게 아닌가요?

하지만 신인 정치인들이 뛰어들 때 어느 정도 장벽이 처져 있다고 믿으면 현역 의원들 입장에서는 '도전자가 어떻게 나를 이기겠어.'라는 자만에 빠지기 십상이고 그것은 의정활동을 약화시키는 문제 요인이 될 것입니다.

여하튼 당 전체 차원에서 볼 때 현역 의원들은 의정활동에 있어서 긴장의 고삐를 늦추지 않게 하고 신인들에 대해서는 출발의 문을 더 활짝 열어두는 정책적 변화가 필요하다고 봅니다.

Q. 더불어민주당 의원 중 언론 인터뷰에 자주 노출되는 의원들이 있는데 그중에는 민주당 내부의 문제점에 대해 쓴소리를 자주 하는 분들이 몇몇 있습니다. 이른바 '중도성향'으로 각인된 의원들이죠? 그들에 대한 당원들의 불만 또한 적지 않은 게 사실입니다.

박성오 인터뷰 내용이 무엇이었느냐에 따라 평가가 좀 달라질 것 같긴 합니다. 예를 들어 이런 경우가 있습니다. 당이 단합해야 하는 중요한 시기인데 '나는 옳고 그름이 더 중요한 사람이야.'라는 식으로 개인의 입장 중심으로 외치는 것은 결국 본인만 살자는 식으로 비춰집니다. 이런 모습은 지탄받아야 하지 않을까 하는 생각이 듭니다.

반대로 어떤 정책 결정이나 중요한 부분에 대해 옳고 그름을 주장하며 비판하는 식이 아니고 자신의 소신을 진지하게 밝히는 사람도 있습니다. 저는 사심 없이 자신의 견해나 생각을 솔직하게 밝히는 것에 대해 용기 있는 행동이라고 봅니다. 이런 경우에는 당사자의 입장을 배려하고 그 의견에 귀를 열어두어야 한다고 보죠. 당에 대해 당연히 쓴소리를 할 수 있고 또 그래야만 합니다.

하지만 전자에 해당하는 자기 편이나 이익 중심적인 사람들의 경우 윤석열 정권의 문제점이라든가 김건희 여사의 문제점, 그리고 검찰의 문제점 이런 큰 문제에 대해서는 목소리를 내지 않고 당내 문제에 대해서만 쓴소리를 합니다. 당연히 당원들이 불만을 갖지 않을 수 없습니다.

실제로 몇몇 의원들이 당원들로부터 욕을 먹는 이유가 이재명과 문재인 정부를 향해서 부당한 수사를 하는 검찰의 문제점이나 윤석열, 김건희, 천공 등과 관련 문제점이 나왔을 때는 입을 다물거든요. 그들이 정작 당의 일원으로서 낼 목소리는 못 내면서 당 내부나 지도부 얘기만 합니다. 그럴 때마다 언론은 좋은 먹잇감으로 삼고 그것을 비화시키고 극대화하고자 그들을 불러내는 거예요.

한마디로 기자들의 인터뷰에 놀아나는 겁니다. 그런데도 정작 본인은 언론에 자주 나오니까 자기 존재감이 뜬다고 생각합니다. 어찌 보면 참 단순하고 한심한 일이 아니겠습니까?

Q. 언론이 쳐놓은 거미줄 속으로 스스로 끌려들어 가는 일이죠. 언론으로서는 이쪽을 때리려고 하다 보니 단지 저 사람의 말이 필요한 것뿐인데, 자신이 언론에 많이 등장하다 보니 유명해졌다는 착각 속에서 자존심만 올라가겠죠. 하지만 그럴수록 당원들과의 거리는 계속 멀어져 결국엔 고립되는 결과를 초래하지 않겠어요?

박성오 바로 그게 정답입니다. 다시 우리 당에게 필요한 변화와 관련해 원론으로 돌아가면 저는 앞으로 당이 한층 성숙하고 발전하려면 민주적 절차에 승복하는 문화가 필요하다는 입장이죠. 대표적인 실례를 든다면 지난번 대선 경선 결과입니다. 경선은 얼마든지 치열하게 진행될 수 있습니다. 각자 지지하는 후보가 다를 수 있으니까 응원하는 사람으로서는 같은 당 의원일지라도 그때만큼은 경쟁자 입장이 됩니다. 하지만 내가 지지하던 인물이든 아니든 대선 후보로 결정이 되면 그때부터는 다시 뭉쳐야 하는 게 당연한 겁니다.

지난 대선에서 이재명 후보가 이겼지 않습니까? 이 후보로 결정이 됐으면 일사불란하게 마음을 합쳐서 본선에서 이길 수 있도록 합심해서 나가야 하는데 일부 의원들이 그런 모습을 보여주지 않았으니 당원들로서는 그들이 적극적으로 뛰지 않았다는 불만을 많이 갖고 있습니다. 그게 상처로 남아 있어요. 지금 윤석열 정권이 너무 일을 못해서 국가가 과거로 후퇴하고 골병이 들고 있기 때문에 이것은 우리 당이 대선에서 패배했기 때문에 일어난 일이라고 보는 시각이 지배적입니다. 당원들로서는 당연히 대선에서 우리 당이 진 이유가 다름 아닌 열심히 뛰지 않은 그런 의원들이 있었기 때문이라고 판단하고 있다는 거죠.

광진구의 역사, 공간,
지역자원 활용과 변화 모색

Q. 서울 광진구 지역구 후보에 나서고자 하시죠? 본격적인 정치인의 길로 들어서게 됐는데요. 당원들에게 어떤 정서를 심어주고 싶은가요?

박성오 앞에서 거론한 내용과 일치합니다. 제가 광진구 지역은 물론이고 다른 지역에서도 지지층 당원들을 만나서 얘기를 해보면 민주적 절차에 승복하는 문화가 필요하다는 것에 적극 공감합니다.

당원들은 이미 대선 때 이런 평가를 다 하셨다고요. '우리 지역은 위원장이 누구이고 현역 의원이 누구인데 그때 몇 바퀴 돌고 요즘은 얼마큼 하더라.', '선거운동을 얼마큼 하더라.', '유세차가 몇 바퀴 돌더라.', '현수막 몇 개 붙이너라.', '조직원들을 어떻게 풀어서 얼마큼 움직이더라.' 등등 지역마다 이런 식의 당원들 평가가 있었습니다. 대선 때 열심히 하지 않은 의원들이나 지역 위원장들에 대해서는 지금 당원들이 상당히 냉담한 자세를 취합니다.

어쨌든 당의 후보가 정해지면 그때부터는 그 개인의 싸움이 아니거든요. 당이 이기냐, 지냐의 싸움이고 당이 졌을 때 그 파급효과들이 얼마나 큰지에 대해 알거든요. 그러니 당의 후보가 최종으로 정해지면 당연히 당의 승리를 위해서 뛰어야 하는데 그렇지 않았다는 것이 당원들에게는 나중에 큰 상처가 되고 두고두고 그 정치인을 평가하는 요소가 될 수밖에 없습니다. 당원들을 만나면서 그들의 이런 마음과 바람을 뼛속 깊이 느꼈고 또 공감했습니다.

Q. **지금 지역구 당원들이 원하는 어떤 민주당의 변화라고 할까요? 그런 하소연도 많이 할 텐데요. '이런 정치를 해달라.'라는 식의 얘기를 들었을 것 같습니다. 그중에서 절실하게 와닿은 것이 있었습니까?**

박성오 광진에 있는 당원들은 정치적으로 크게 볼 때 무엇보다도 '당의 변화를 원한다.'라는 요구가 컸습니다. 그리고 지역

이슈로는 지역의 변화와 발전을 갈망했습니다.

비근한 예로 최근 변화를 놓고 보면 인접 지역인 성동구에 비해서 상대적으로 변화 발전 속도가 좀 떨어졌습니다. 제가 1995년도 건국대학교에 입학하면서 광진구에 자리를 잡을 당시를 기억하면 사실 성수동 일대는 거의 공장 지대였고 왕십리는 개발이 전혀 안 된 상태였어요. 그 시절에는 성동구와 광진구는 비교가 안 될 정도였습니다. 물론 제가 생활했던 곳이기 때문에 더 그렇게 주관적으로 볼 수도 있었겠지만 제3자 입장에서 평가해도 광진구가 상대적으로 발전된 지역으로 볼 수 있었을 겁니다.

지금은 다릅니다. 왕십리 일대 재개발이 이루어졌습니다. 고층 아파트나 대형 건물이 많이 들어섰습니다. 그 과정에서 서민들이 쫓겨나는 측면도 있었을 테니 '재개발이 무조건 답이다.'라고 생각하지는 않습니다. 재개발과 도시재생은 각각 장단점이 있으니까요.

그리고 성수동의 변화를 꼽지 않을 수 없습니다. 여기는 그야말로 확실히 떴다고 할 수 있지요. 이른바 '핫 플레이스(hot place)'라는 닉네임이 붙었을 만큼 활력이 넘치는 젊은이들의 거리로 변하면서 사람들이 모이고 지역 상권이 살아났습니다. 정원오 성동구청장이 정말 잘한 일입니다.

반대로 광진구는 지금 멈춰 있는 듯한 모습입니다. 그래서

인지 광진구에서 주민들을 만나면 정치적으로 답답함을 느끼면서 뭔가 변화했으면 하는 마음이 간절하더라고요. 인근 지역에 비해 상대적으로 활력이 떨어진 부분에 관한 답답함도 많은 것 같습니다. 또 지금 검찰독재 정부에 대한 대응 방식도 바뀌어야 한다는 요구도 강했습니다.

Q. 본인한테 지역구 의원의 기회가 주어진다면 광진구를 어떤 곳으로 탈바꿈시키고 싶으세요?

박성오 저는 지역 문제에 있어서 일단 자원을 생각합니다. 광진갑의 가장 큰 자원은 어린이대공원과 아차산공원 두 곳이 있습니다.

어린이대공원은 부지가 아주 넓은데도 그만큼의 효율을 지금 내지 못하고 있습니다. 서울대공원이 있다 보니 상대적으로 더 그렇게 됐죠. 그래서 어린이대공원은 최대한 그 주변의 상권을 살릴 수 있는 구체적인 아이템을 고민하고 있습니다. 여러 가지 법적·행정적 검토를 해보는 중입니다. 그것이 정리되면 구체적인 프로젝트를 밝히는 시간이 있을 겁니다.

광진구 광장동과 경기도 구리시에 걸쳐 있는 아차산은 그야말로 보물과도 같은 곳입니다. 한강과 어우러진 서울 시

가지를 내려다볼 수 있는 멋지고 시원한 환경적 요소도 있지만 무엇보다도 그곳은 역사적인 명소로 키울 만한 콘텐츠가 숨어 있습니다. 아차산을 비롯한 주변 지역은 무려 2,000여 년 전부터 그 후 500여 년간 백제, 고구려, 신라 삼국의 전쟁터로 기록된 역사는 물론이고 아직 발굴되지 않은 땅속에 묻힌 그 당시의 흔적들이 많습니다. 결코 그냥 내버려두어서는 안 될 땅입니다.

이미 알려진 온달장군의 주먹바위와 평강공주의 통곡바위가 있고 삼국시대 전쟁사를 중심으로 한 스토리가 무성한 지역이기 때문에 그걸 최대한 활용해서 지역을 살리는 한 축으로 만들어야 할 것 같습니다. 그다음에는 동별로도 부각시키고 또 발굴해야 하는 역사나 사회, 문화 관련 사실, 그리고 그에 근거한 콘텐츠들을 재정리해봐야 할 것 같습니다.

그간 광진갑에서 출마했던 정치인들의 공약을 다 분석해봐도 광진구 전체가 관통되는 큰 그림은 없었어요. 지역의 자원으로 지역의 상징적인 것을 만들고 널리 알리는 것이 매우 중요한 책무로 다가옵니다. 타 지역민들이 평가할 때 "광진구에 그곳에 가면 뭔가 좀 보고 느끼고 즐길 게 있고 여유와 휴식이 있다."라는 말이 나올 수 있도록 그 뭔가를 보여줘야 하죠. 역사적인 현장 이에도 '문화의 거리' 같은 테마 거리를 조성해야 하겠죠. 광장동 주변을 끼고 있지 않습니까? 특히 그 주변은 음식점도 많고 활용 가능한 수산자원도 있습니다. 광장동은 광장동대로 또 능동, 군자동, 중곡동은 각각 색다른 테마로 조성하고 발전시키면 됩니다.

다시 성동구의 예를 들면 성수동에는 기존에 폐공장이 많았기 때문에 임대료나 건물값이 낮았습니다. 낙후된 지역을 구청장이 나서서 젠트리피케이션(gentrification)으로 이끈 사례입니다. 건물주와 임차인이 상생할 수 있는 방안을 마련해서 임대료를 싸게 해주고 영업을 지속할 수 있도록 했다고 들었습니다. 자칫 젠트리피케이션이 불러올 수 있는 단점까지 보완하면서 지역을 발전시킨 거예요.

광진구에서도 지역 정치인들이 남다른 아이디어를 찾아내서 새로운 시도를 하는 노력을 했더라면 성동에 뒤처지지 않았을 겁니다. 더욱이 좋은 자원들이 있는데도 불구하고 새로운 아이디어에 대한 고민도 노력도 부족했기 때문에 지역민들로부터 '이거 정말 잘했다.'라는 식의 호평이 나오지 않는 게 아닐까요?

2023년 11월 9일 양산 평산책방. 조국 전 민정수석의 저자 사인회에서 문재인 전 대통령과 함께

| 별첨자료 |

大韓民國憲法 개정안

| 의 안 번 호 | 12670 |

제출 연월일 : 2018. 3. 26.
제 출 자 : 대 통 령

제안 이유

　헌법은 국민의 삶을 담는 그릇이다. 1987년 6월 항쟁을 통해 대한민국 헌법을 바꾼 지 벌써 30년이 넘었다. 그동안 국제통화기금(IMF) 외환위기, 세월호 참사 등을 거치면서 국가의 책임과 역할, 국민의 권리에 대한 국민의 생각은 크게 달라졌고, 새로운 대한민국을 요구하는 국민의 목소리는 더욱 커졌다. 30년이 지난 헌법으로는 국민의 뜻을 따라갈 수 없다.

　이제 국민의 뜻에 따라 새로운 대한민국의 운영 틀을 마련해야 한다. 국가의 존재 이유를 묻는 질문에 답변해야 하고, 국민 모두가 어디서나 차별받지 않고 골고루 잘 살 수 있게 해달라는 요구에 응해야 한다. 헌법 개정을 통해 국민의 뜻을 헌법적으로 구현하여 나라다운 나라를 만들어야 한다.

　우리와 미래 세대가 살아갈 대한민국은 국민의 자유와 안전, 인간다운 삶을 보장해주는 나라, 국민의 참여와 의사가 반영되는 나라, 더 정의롭고 공정한, 그리고 중앙과 지방이 함께 잘 사는 나라여야 한다.

　1987년 헌법 개정 시 채택한 대통령 5년 단임제는 장기간의 군사독재 경험을 반영한 선택이었다. 그러나 우리 국민은 촛불시민혁명을 통해 대한민국 민주주의의 역량을 입증했다. 이제 국민 역량을 바탕으로 변화하는 환경 속에서 장기적 국가과제를 일관성과 연속성을 갖고 추진하기 위해 대통령 4년 연임제를 채택할 때가 되었다.

국민의 뜻과 시대정신을 반영하기 위해 이 헌법 개정안에는 다음과 같은 내용을 담았다.

첫째, 기본권과 국민주권을 확대·강화하였다. 기본권 주체를 확대하고 공무원을 포함한 노동자의 권리를 강화하였다. 생명권과 안전권, 알 권리, 자기정보통제권, 사회보장을 받을 권리 및 성별·장애 등에 따른 차별 개선에 노력할 국가의 의무 등을 신설하는 한편, 사회적 약자의 권리를 강화하여 인간으로서의 존엄성을 존중받을 수 있도록 하였다. 또한 국민발안제와 국민소환제를 도입하여 직접민주제를 대폭 확대하였다.

둘째, 대한민국의 지속가능한 성장을 위해 지방자치를 강화하였다. 지방정부에 자주조직권을 부여하고, 자치행정권, 자치입법권을 강화하는 한편, 자치재정권을 보장하였다. 그리고 지방자치에서 실질적 민주주의가 실현될 수 있도록 지방정부의 자치권이 주민으로부터 나온다는 것을 명시하고, 주민이 지방정부를 조직하고 운영하는 데 참여할 권리를 가진다는 점을 명확히 하였으며, 주민발안, 주민투표, 주민소환제도의 헌법적 근거를 신설하였다.

셋째, 경제질서와 관련해 불평등과 불공정을 시정하고자 하였다. 경제주체 간의 상생을 강조하고 토지공개념의 내용을 분명히 하는 한편, 국가에 농어민 지원, 사회적 경제 진흥, 소비자운동, 기초학문 장려 등의 의무를 부과하였다.

넷째, 정치개혁을 위해 선거연령을 18세로 낮추고, 국회의원 선거의 비례성 원칙을 헌법에 명시하였으며, 선거운동의 자유를 최대한 보장하였다. 그리고 대통령의 국가원수로서의 지위를 삭제하고, 예산법률주의를 도입하는 등 대통령의 권한을 분산하고 국회의 권한을 강화하였다. 책임정치 구현과 안정된 국정 운영을 위해 대통령 4년 연임제를 채택하였다.

다섯째, 사법제도를 개선하였다. 대법원장의 인사권을 분산하고 절차적 통제를 강화하였으며 국민의 재판 참여가 가능하도록 하여 사법의 민주화가 이루어질 수 있게 하였다. 평시 군사재판과 비상계엄하의 단심제를 폐지함으로써 국민의 기본권이 침해되지 않도록 하였다. 법관 자격을 요구하는 규정을 삭제하여 헌법재판소 재판관 구성을 다양화할 수 있도록 함으로써 사회 각계각층의 입장이 재판에 균형 있게 반영될 수 있게 하였다.

국민의 뜻과 힘으로 시작된 새로운 대한민국의 여정에 헌법 개정은 필수적인 과정이다. 보다 정의로운 대한민국, 나라다운 나라를 만들자는 국민의 요구를 더 이상 미룰 수 없다. 나아가 지금 대통령 4년 연임제가 채택되면 4년 후부터 대통령 선거와 지방선거를 함께 치를 수 있다. 이렇게 되면 대통령 임기 중 치르는 전국선거를 줄여 국력 낭비를 막을 수 있다.

이에 헌법 개정안을 발의하고 국회와 국민의 판단을 구하고자 한다.

주요 내용

가. 전문에 헌법적 의미를 갖는 역사적 사건과 사회적 가치 명시(안 전문)

대한민국이 추구하는 가치와 지향을 분명히 할 수 있도록 헌법적 의의를 갖는 중요한 역사적 사건과 사회적 가치를 명시할 필요가 있는바, 민주화운동 과정에서 중요한 의미를 가지는 4·19혁명, 부마민주항쟁과 5·18민주화운동, 6·10항쟁의 민주이념을 계승한다는 점을 분명히 밝히고, 자치와 분권, 지역 간 균형발전 및 자연과의 공존 등 중요한 사회적 가치를 명시함.

나. 지방분권국가 지향성 명시(안 제1조 제3항)

제1조에 '대한민국은 지방분권국가를 지향한다.'는 내용을 신설하여 대한민국 국가 운영의 기본방향이 지방분권에 있음을 분명히 하고, 향후 입법과 정부 정책의 준거로 삼도록 함.

다. 수도 조항 신설(안 제3조 제2항)

1) 헌법재판소는 수도에 관한 사항을 관습헌법에 속하는 것으로 보면서 수도 이전을 위해서는 헌법 개정이 필요하다고 판시함.

2) 국가기능의 분산이나 정부 부처의 재배치 등의 필요가 있고, 나아가 수도 이전의 필요성도 대두될 수 있으므로 수도에 관한 사항을 법률로 정하도록 헌법에 명시함.

라. 공무원의 정치적 중립성 및 공정성·청렴성 의무(안 제7조 제3항 및 제4항)

1) 현행 규정은 공무원의 정치적 기본권을 지나치게 제한하거나 공무원을 정치적으로 이용하는 근거로 악용되어온 문제가 있으므로, 공무원은

직무를 수행할 때 정치적 중립을 지키도록 함으로써 직무와 관련 없는 사항에 대해서는 공무원의 정치적 기본권을 보장함.

2) 공무원은 재직 중은 물론 퇴직 후에도 공무원의 직무상 공정성과 청렴성을 훼손해서는 안 된다는 점을 명시함.

마. 정당의 자유 강화 및 국고보조제도의 보완(안 제8조 제2항 및 제3항)

1) 현행 규정은 정당이 국민의 정치적 의사 형성에 참여하는 데 필요한 조직을 갖추도록 함으로써 소수정당, 신생정당, 풀뿌리 지역정당의 등장을 가로막는 기능을 하고 있는바, 정당의 조직 요건을 폐지하여 정당의 자유를 보다 두텁게 보장함.

2) 정당에 대한 국고보조제도가 정치자금 형성을 둘러싼 정치적 부패를 방지하고 소수정당 등의 정치활동을 지원하려는 취지가 있음에도 불구하고 실제 운영 과정에서 거대정당에 유리하게 운영될 소지가 있으므로 정당에 대한 국고보조는 '정당한 목적과 공정한 기준'으로 운영되어야 한다는 점을 명시함.

바. 문화국가 및 다문화사회 지향(안 제9조)

사회변화와 다문화·다민족 시대를 맞아 전통문화의 계승 및 민족문화 창달 노력 의무도 그에 맞추어 합리적으로 개정할 필요가 있으므로 시대적으로 적절하지 않다고 지적되어온 '민족문화의 창달' 대신, 국가가 문화의 자율성 및 다양성을 증진할 의무를 규정하는 한편, 전통문화는 발전적으로 계승하기 위해 노력해야 한다는 점을 명시함.

사. 기본권의 주체 확대

1) 세계화가 진전된 우리 사회의 변화가 반영될 수 있도록 천부인권적 성격을 가진 기본권의 주체를 각각 국민에서 사람으로 확대할 필요가 있음.

2) 일부 기본권의 주체를 국민에서 사람으로 확대함에 따라 제2장의 제목을 '국민의 권리와 의무'에서 '기본적 권리와 의무'로 변경함(안 제2장의 제목).

3) 인간의 존엄성, 행복추구권, 평등권, 신체의 자유, 이중처벌 및 연좌제 금지, 사생활의 자유, 양심의 자유, 종교의 자유, 학문·예술의 자유, 청원권, 재판청구권의 주체를 '국민'에서 '사람'으로 변경함(안 제10조, 제11조 제1항, 제13조 제1항·제2항, 제14조 제1항·제3항, 제17조 제1항·제2항, 제18조, 제19조, 제23조 제1항, 제27조 제1항 및 제28조 제1항).

4) 신설되는 기본권으로서 생명권 및 자기정보통제권의 주체를 사람으로 규정함(안 제12조 및 제22조 제2항).

5) 기본권의 주체를 '국민'에서 '사람'으로 변경한 기본권을 제한하는 경우에도 기본권 제한의 한계에 관한 제40조의 규정이 일반원칙으로 적용될 수 있도록 함(안 제40조 제1항 및 제2항).

아. 평등권 강화(안 제11조 제1항 및 제2항)

1) 사회 통합과 정의를 실현하기 위해 평등권을 보다 강화할 필요가 있는바, 현행 헌법에 규정된 차별금지 사유인 '성별, 종교 또는 사회적 신분' 외에 '장애, 연령, 인종, 지역'을 추가함.

2) 평등권을 보다 실질적으로 실현할 수 있도록 국가에 성별 또는 장애 등으로 인한 차별 상태를 시정하고 실질적 평등을 실현하기 위해 노력함

의무를 지움으로써 여성우대정책과 같은 적극적 차별해소정책이 헌법적으로 정당화될 수 있는 근거를 마련함.

자. 새로운 기본권의 신설

1) 생명권 및 신체와 정신이 훼손당하지 않을 권리는 인간의 존엄과 가치의 본질임에도 불구하고 학설과 판례로 인정될 뿐 우리 헌법에 명시되지 않아왔으므로 이를 명시적으로 규정함(안 제12조).

2) 정보화 사회로 빠르게 진전되고 있는 현실을 고려하여 알 권리 및 자기정보통제권을 명시적으로 확인함으로써 이에 대한 보장을 강화하고, 정보기본권 보장을 위한 핵심적인 사항으로서 정보의 독점과 격차로 인한 폐해에 대해서는 국가가 예방 및 시정을 위해 노력하도록 함(안 제22조).

3) 사회보장을 국가의 시혜적 의무에서 국민의 기본적 권리로 변경하여, 모든 사회구성원이 기초생활을 유지하지 못하는 위험으로부터 해방되어 존엄과 가치를 지키면서 건강하고 쾌적한 삶을 누릴 수 있도록 사회보장을 받을 권리를 신설함(안 제35조 제2항).

4) 인구감소가 사회문제로 대두됨에 따라 임신·출산·양육을 가정에만 맡길 것이 아니라 국가적 차원에서 장려할 필요가 있으므로, 국민이 임신·출산·양육과 관련하여 국가의 지원을 받을 권리가 있음을 명시함(안 제35조 제3항).

5) 주거권을 신설하여 모든 국민이 쾌적하고 안정적인 주거생활을 할 권리를 갖도록 함(안 제35조 제4항).

6) 건강권을 신설하여 건강에 관한 권리 보장을 높이고, 국가에 질병

예방과 보건의료제도 개선을 위해 노력할 의무를 지움(안 제35조 제5항).

7) 현행 규정은 어린이, 청소년, 노인 및 장애인 등 사회적 약자에 대해 복지정책의 대상이나 보호 대상으로만 규정하고 있으나, 이들 또한 독립된 인격 주체로 존중하는 한편, 우리 사회의 일원으로 다양한 영역에서 동등한 권리를 가진다는 점을 분명히 함(안 제36조).

8) 안전권을 신설하여 모든 국민은 안전하게 살 권리를 가진다는 점을 밝히고, 국가는 재해를 예방하고 그 위험으로부터 사람을 보호할 의무를 진다는 점을 명시함(안 제37조).

차. 영장신청 주체 개정 및 사법 절차적 권리 확대(안 제13조 제3항부터 제5항까지 및 제17조 제2항)

1) 영장신청 주체는 헌법에 규정할 사항이 아니라 법률로 규정할 사항으로 보고 있는 다수 입법례에 따라 영장신청의 주체를 검사로 한정하고 있는 부분을 삭제함.

2) 현행 규정은 국선변호인 선정 대상에 형사피고인만 인정하고 있어 기본권 보장에 미흡하다는 지적이 있으므로 국선변호인 선정 대상에 형사피의자를 추가함.

3) 체포 또는 구속을 당하는 자에게 '체포 또는 구속의 이유'와 '변호인의 도움을 받을 권리' 외에 '불리한 진술을 강요당하지 않을 권리'도 함께 고지하도록 함으로써 사법 절차상 국민의 권리를 강화함.

카. 직업의 자유 명확화(안 제16조)

현행 헌법상 직업선택의 자유는 그 명칭에도 불구하고 직업선택의 자유뿐만 아니라 직업활동 또는 직업수행의 자유도 포함하는 것으로 해석되고 있으므로 이를 명확히 함.

타. 사생활 영역에 관한 기본권 규정의 정비(안 제17조)

주거의 자유, 사생활의 자유 및 통신의 자유는 사생활 영역에 관한 기본권으로서 체계상 하나의 조문에 규정되는 것이 적절하므로 이를 하나의 조문으로 규정함.

파. 표현의 자유 및 집회·결사의 자유 강화(안 제20조 및 제21조)

1) 언론·출판의 자유와 집회·결사의 자유는 기본권의 주체와 성격이 같지 않음에도 불구하고 하나의 조문에서 규정하고 있어 체계적이지 않으므로, 이를 각각 분리하여 별도의 조문으로 규정하고, 표현의 자유를 명시함.

2) 현행 규정은 통신·방송의 시설기준에 필요한 사항을 법률로 정하도록 하고 있어 언론·출판의 활동을 위축시키는 결과를 초래한다는 지적이 있으므로 이를 삭제함.

3) 언론·출판이 타인의 명예나 권리를 침해한 경우에는 피해자가 이에 대한 배상 외에 정정을 청구할 수 있도록 함.

하. 대학의 자치 보장(안 제23조 제2항)

초·중등교육과 다른 대학의 특수성을 고려하여 현행 헌법의 대학의 자율성에 관한 규정을 대학의 자치로 강화하여 이를 학문과 예술의 자유를 정한 조문에 함께 규정함.

거. 선거권, 공무담임권 및 청원권 강화(안 제25조부터 제27조까지)

1) 현행 규정은 선거권, 공무담임권 및 청원권을 법률로 정하는 바에 따라 해당 기본권을 보장하는 방식으로 하고 있어 기본권 보장의 범위가 입법재량 행사에 따라 축소될 수 있는 문제가 있으므로 선거권, 공무담임권 및 청원권이 보장됨을 명시하되 그 구체적인 사항을 법률로 정하도록 변경함으로써 해당 기본권 보장이 강화될 수 있도록 함.

2) 선거연령은 국민의 참정권의 핵심에 해당하는 사항인바, 경제협력개발기구(OECD) 34개국의 선거연령, 7차례의 선거연령 인하에 관한 헌법소원, 국가인권위원회의 선거연령 규정에 관한 검토 결정 등을 종합하여 18세 이상 국민의 선거권을 헌법이 직접 보장한다고 명시함으로써 최소한 18세 이상 국민에게는 헌법이 직접 선거권을 부여하고 18세 미만의 국민에 대해서는 입법 목적에 따라 국회가 법률로써 선거권을 제한할 수 있도록 하여 국민의 선거 주권을 강화함.

3) 현행 규정은 국민이 청원할 때에는 문서로 하도록 함으로써 정보화 사회로 진전되고 있는 현실을 반영하지 못하고 있으므로 이를 삭제하여 다양한 방식의 청원을 허용하는 한편, 국가에 청원에 대한 심사결과 통지의무를 지워 청원권을 실질적으로 보장함.

너. 재판청구권 강화(안 제28조, 제110조 제1항 및 부칙 제6조)

1) 현행 규정은 '헌법과 법률이 정한 법관'에 의해 재판을 받도록 함으로써 시민의 사법 참여에 장애가 되고 있으므로 이를 '헌법과 법률에 따라 법원의 재판'을 받을 권리로 변경하여 현행의 국민참여재판은 물론 배심제와 참심제가 도입될 수 있는 가능성을 열어둠.

2) 군인 또는 군무원이 아닌 국민에 대한 군사재판권이 지나치게 넓다는 지적이 있으므로, 군인 또는 군무원이 아닌 국민은 원칙적으로 군사재판을 받지 않는다는 점을 분명히 밝히되, 비상계엄이 선포되고 일정한 요건에 해당하는 경우에만 군사재판을 받도록 함.

3) 재판 절차에서 신속한 재판뿐만 아니라 공정한 재판을 받을 권리를 명시함으로써 국민의 재판청구권을 실질적으로 보장함.

4) 국민의 재판청구권 보장을 강화하기 위해 군사법원은 비상계엄 선포 시 또는 국외 파병 시에만 둘 수 있도록 함.

5) 국민의 재판청구권을 현저하게 제한하며 남용 위험성이 있다는 비판이 제기되었던 비상계엄하의 단심제를 폐지함.

6) 헌법 시행 당시 군사법원에 계속 중인 사건으로 군사법원의 관할에서 제외되는 사건은 법원으로 이관된 것으로 보고 이미 행해진 소송행위의 효력은 영향을 받지 않도록 함.

더. 군인 등의 국가배상청구권 제한 폐지(현행 제29조 제2항 삭제)

현행 규정은 군인·경찰 등 특수한 신분관계에 있는 사람에 대해 국가배상청구권을 제한함으로써 군인 등에 대해 불합리한 차별을 하고 있으므로 이를 폐지함.

러. 교육을 받을 권리 강화(안 제32조 제1항 및 제2항)

1) 모든 국민은 능력뿐만 아니라 개인의 적성에 따라 교육받을 권리를 가진다는 점을 분명하게 밝힘으로써 교육을 받을 권리를 보장할 때 고려되어야 하는 요소를 추가함.

2) 모든 국민은 보호하는 자녀뿐만 아니라 자녀 아닌 아동에 대해서도 초등교육과 법률로 정하는 교육을 받게 할 의무를 지도록 함으로써 아동의 교육받을 권리를 두텁게 보장함.

머. 노동자의 권리 강화(안 제33조 및 제34조)

1) 노동자에 대한 정당한 대우를 통해 양극화를 해소하고 지속가능한 성장을 위해 노동자의 기본권을 획기적으로 강화할 필요가 있으므로, 이와 같은 관점에서 노동자의 권리를 대폭 강화함.

2) 일본 제국주의 및 군사독재 시대에 사용되어온 '근로'라는 용어를 '노동'으로 바꾸고, 헌법적 의무로 보기 어려운 '근로의 의무'를 삭제함.

3) 국가에 동일한 가치의 노동에 대해서는 동일한 수준의 임금이 지급되도록 노력할 의무를 지우는 한편, 최저임금제 시행 의무를 강조함.

4) 노동조건의 결정 과정에서 힘의 균형이 이루어지도록 노사 대등 결정의 원칙을 명시함.

5) 임신·출산·육아는 여성만이 아닌, 여성과 남성 모두의 일이므로 모든 국민은 고용·임금 및 그 밖의 노동조건에서 임신·출산·육아 등으로 부당한 차별을 받지 않도록 하는 한편, 현실적으로 임신·출산·육아의 직접 당사자가 여성인 것을 고려하여 국가로 하여금 여성의 노동을 보호하는 정책을 시행하도록 함.

6) 우선적으로 노동의 기회를 부여받는 대상에 현행 규정의 국가유공자·상이군경 및 전몰군경의 유가족 외에 의사자의 유가족을 추가함.

7) 모든 국민이 인간다운 삶을 누릴 수 있도록 일과 생활의 균형을 위

한 국가의 정책 시행 의무를 규정함.

8) 노동자가 노동조건의 개선뿐만 아니라 그 권익을 보호하기 위해 단체행동을 할 권리를 가진다는 점을 분명히 밝힘.

9) 공무원에게도 원칙적으로 노동3권을 인정하면서 현역 군인 등 법률로 정한 예외적인 경우에만 제한할 수 있도록 함.

10) 법률로 정하는 주요 방위산업체에 종사하는 노동자의 단체행동권은 '필요한 경우에만' 법률로 제한하거나 인정하지 않을 수 있도록 하여 단체행동권 제한의 비례성을 강화함.

버. 환경보호 및 동물보호 정책의 시행 의무(안 제38조 제2항 및 제3항)

환경 보전, 미래 세대를 고려한 지속가능성의 가치와 동물보호는 국제규범이나 인류가 공유해야 할 보편가치로 정착되고 있으므로 이러한 시대변화를 반영하여 국가와 국민은 지속가능한 발전이 가능하도록 환경을 보호할 의무를 지고, 국가는 동물보호를 위한 정책을 수립하여 시행하도록 함.

서. 국방의 의무를 이행하는 국민의 인권 보장(안 제42조 제2항)

군인 등 국방의 의무를 이행하는 국민의 경우 군인이라는 지위 등을 이유로 기본권 보장이 미흡한 경우가 많았으므로 국가에 국방의 의무를 이행하는 국민의 인권을 보장하기 위한 정책을 시행할 의무를 지움.

어. 국회의원 선거의 비례성 원칙 명시(안 제44조 제3항)

1) 현재의 지역구 국회의원 선거방식인 소선거구 다수대표제는 많은 사표를 발생시켜 국회의 국민 대표성을 제대로 반영하지 못하고 있음.

2) 선거구 등 국회의원 선거에 관한 사항은 현행 헌법과 같이 법률로

정하도록 하되, '국회의 의석은 투표자의 의사에 비례하여 배분해야 한다.'는 선거의 비례성 원칙을 명시함.

저. 국회의원에 대한 국민소환제 및 국민발안제 도입(안 제45조 제2항및 제56조)

    1) 권력의 감시자 및 입법자로서 직접 참여하고자 하는 국민의 요구를 반영하여 국민이 국회의원을 소환하고 직접 법률안을 발의할 수 있도록 하는 등 직접민주제를 대폭 확대하여 대의민주주의를 보완함.

    2) 다만, 국회에서 사회적 합의를 통해 구체적인 내용을 정할 수 있도록 국민소환과 국민발안의 요건과 절차 등 구체적인 사항은 법률로 정하도록 함.

처. 정부의 법률안 제출권에 대한 국회의 통제 강화(안 제55조 제2항)

    정부의 법률안 제출권은 유지하되, 국회의 입법 통제를 강화하기 위해 국회의원 10명 이상의 동의를 받아 국회에 법률안을 제출할 수 있도록 함.

커. 국가자치분권회의 신설 등 중앙과 지방의 소통 강화(안 제55조 제3항 및 제97조)

    1) 입법 과정에서 지방의 의견이 반영될 수 있도록 지방자치와 관련된 법률안에 대해서는 국회의장이 지방정부에 이를 통보하도록 하고, 지방정부가 이에 대해 의견을 제시할 수 있도록 함.

    2) 중앙과 지방 간의 소통과 협력체계를 구축하고, 지방의 실질적인 국정 참여를 확대하기 위해 대통령, 국무총리, 법률로 정하는 국무위원과 지방행정부의 장으로 구성되는 국가자치분권회의를 심의기구로 신설함.

3) 국가자치분권회의는 중앙행정부와 지방행정부 간 협력을 추진하고 지방자치와 지역 간 균형발전에 관련되는 중요 정책을 심의함.

터. 국회의 예산심의권 강화(안 제58조)

1) 국회의 재정 통제 강화와 행정부의 예산 집행 책임 강화를 위해 예산법률주의를 도입함.

2) 정부에서 예산안을 편성하여 국회에 제출하면 국회는 예산안을 심의하여 예산법률로 확정하도록 하되, 세부적인 내용은 법률로 정하도록 함.

3) 국회의 충분한 예산심의 기간 확보를 위해 정부의 예산안 국회 제출시기를 현행 '회계연도 개시 90일 전까지'에서 '회계연도 개시 120일 전까지'로 앞당김.

퍼. 조약체결에 대한 국회 동의권 강화(안 제64조 제1항제8호)

국회가 체결·비준에 동의권을 갖는 대상 조약에 '법률로 정하는 조약'을 추가하여 국회 동의 대상 조약을 법률로 확대할 수 있도록 함.

허. 제4장의 편제 개선(안 제4장 제1절부터 제4절까지)

1) 대통령은 행정부의 수반임에도 종전 제4장에서는 제1절의 제목을 대통령으로, 제2절의 제목을 행정부로 각각 규정하고 있었음.

2) 대통령이 행정부와 별개의 존재가 아니라는 것을 나타내기 위해 제4장 제2절의 제목 행정부를 삭제하고, 같은 절 제1관부터 제3관까지의 규정을 각각 제4장 제2절부터 제4절까지로 변경 규정함.

3) 안 제4장 제3절(종전의 제4장 제2절 제2관)에 국가자치분권회의 규정이 마련됨에 따라, 제4장 제3절의 제목을 국무회의에서 국무회의와 국가자

치분권회의로 변경함.

　4) 종전의 제목이 국무회의인 제4장 제2절 제2관에서 규정하던 대통령 자문기구에 관한 규정을 대통령에 관한 절인 같은 장 제1절로 이관하여 규정함.

　고. 대통령의 국가원수 지위 폐지(안 제70조 제1항)

　대통령의 국가원수로서의 지위는 대통령이 다른 헌법기관을 초월한 우월적 지위에 있는 것으로 인식되어 제왕적 대통령의 근거로 작용될 우려가 있으므로 대통령의 국가원수 지위를 삭제하는 한편, 외국에 대해 국가를 대표하도록 하던 것을 국내외에 관계없이 국가를 대표하도록 변경함.

　노. 대통령 선거 결선투표제 도입 및 피선거연령 삭제(안 제71조 및 제72조 제3항)

　1) 국민의 지지율에 관계없이 상대 후보자보다 한 표라도 더 받은 사람이 대통령으로 당선되는 상대적 다수대표제의 문제점을 개선하고 대통령 선거에서 민주적 정당성을 높이기 위해 결선투표제도를 도입하고, 결선투표는 임기 만료 등으로 인한 첫 대통령 선거일부터 14일 이내에 실시하도록 함.

　2) 결선투표 실시 전에 결선투표의 당사자가 사퇴·사망하여 최고득표자가 없게 된 경우 재선거를 실시하고, 최고득표자 1명만 남게 된 경우 최고득표자가 당선자가 돼

　3) 대통령 피선거연령을 삭제하여 40세 미만이라도 국회의원으로 선출될 수 있는 사람은 대통령 선거에 출마할 수 있도록 함.

　도. 대통령 서서내용 수정(안 제73조)

대통령 취임 시의 선서내용 중 '민족문화의 창달'을 '문화의 창달'로 변경함으로써 민족문화뿐만 아니라 다양한 문화를 발전시켜나갈 수 있도록 함.

　로. 대통령 임기 조정 및 1회 연임 허용(안 제74조 및 부칙 제3조)

　　1) 대통령 단임제의 문제점을 치유하고 안정된 국정 운영의 기반을 마련하기 위해 현행 5년의 대통령 임기를 4년으로 하되, 대통령이 다음 선거에서 다시 선출되는 경우에 한정하여 한 차례만 더 대통령직을 수행할 수 있도록 함.

　　2) 대통령 임기 조정 및 연임에 관한 개정 헌법 규정이 이 헌법의 개정을 제안한 당시의 대통령에게는 적용되지 않음을 명확하게 하기 위해 해당 대통령의 임기는 2022년 5월 9일까지로 하며, 중임할 수 없도록 규정함.

　모. 대통령 권한대행제도 개선(안 제75조 및 제96조 제4호)

　　1) 종전에 대통령 권한대행 사유로 규정하고 있던 '사고' 외에 '질병'을 명시하여, 대통령 권한대행의 개시 여부에 대한 해석상 혼란을 줄이는 한편, 권한대행 사유로 질병, 사고 외에 '등'을 추가함으로써 전형적인 사고에 포함하기 어려운 직무수행 불가능 원인이 발생한 경우에도 대통령 권한대행이 개시될 수 있도록 함.

　　2) 대통령이 사임하고자 하는 경우나 질병, 사고 등으로 직무를 더 이상 수행할 수 없는 상태로서 의사표시를 할 수 있는 경우에는 권한대행자에게 서면으로 그 사정을 통보하도록 하여 예견가능성을 확보할 수 있도록 함.

　　3) 질병이 위중한 경우 등 대통령이 스스로 의사표시를 할 수 없거나

의사표시를 할 수 있음에도 하지 않은 경우에는 국무총리로 하여금 국무회의의 심의를 거쳐 헌법수호기관인 헌법재판소에 권한대행의 개시 등에 대한 판단을 신청하도록 하고, 헌법재판소의 최종적인 판단에 따르도록 함.

4) 대통령이 스스로 복귀의사를 표시하면 권한대행은 종료되고 대통령으로 복귀하는 것을 원칙으로 하되, 대통령의 직무수행 가능 여부에 대한 다툼이 있을 때에는 대통령 본인, 재적 국무위원 3분의 2 이상 또는 국회의장이 신청하여 헌법재판소에서 결정하도록 함.

5) 대통령 권한대행자로서 그 직을 수행하고 있는 동안에는 대통령 선거에 출마할 수 없도록 하여 맡은 바 직무를 충실하게 수행할 수 있도록 함.

보. 특별사면에 대한 절차적 통제 강화(안 제83조)

대통령이 특별사면을 명하려면 사면위원회의 심사를 거치도록 함으로써 일반사면 외에 특별사면에 대해서도 대통령의 자의적 사면권 행사가 이루어지지 않도록 절차적 통제 규정을 헌법상 명문화함.

소. 국가원로자문회의 폐지(현행 제90조 삭제)

국가원로자문회의는 1989년 3월에 폐지되어 현재는 헌법에 형식상의 근거만 있어서 실제 존재하지 않는 국가원로자문회의를 폐지함.

오. 국무총리의 행정통할상 자율권 강화(안 제93조)

국무총리의 행정통할상 자율권을 보장하기 위해 행정 각부를 통할하는 데에 있어 대통령의 명을 받도록 하는 부분을 삭제함.

조. 배심재판 등의 근거 마련(안 제101조 제1항)

배심재판 등의 근거를 마련하기 위해 국민은 법률로 정하는 바에 따라 배심 또는 그 밖의 방법으로 재판에 참여할 수 있도록 규정함.

초. 대법원 조직 개편(안 제102조 제1항)

사건의 전문화, 복잡화 추세와 대법관 증원 수요에 실효성 있게 대응할 수 있도록 대법원에 일반재판부와 전문재판부를 둘 수 있도록 함.

코. 대법원장 인사권한 조정 및 대법관·일반 법관 임명 절차 개선(안 제104조 제2항부터 제5항까지)

1) 대법원장에게 집중된 인사권한을 합리적으로 조정하기 위해 대법관은 대법관추천위원회의 추천을 거쳐 대법원장의 제청으로 국회의 동의를 받아 대통령이 임명하도록 함.

2) 대법관추천위원회는 대통령이 지명하는 3명, 대법원장이 지명하는 3명, 법관회의가 선출하는 3명의 위원으로 구성하도록 함.

3) 일반 법관은 법관인사위원회의 제청으로 대법관회의의 동의를 받아 대법원장이 임명하도록 함.

4) 대법관추천위원회 및 법관인사위원회의 조직과 운영 등 구체적인 사항은 법률로 정하도록 함.

토. 일반 법관 임기제 폐지(현행 제105조 제3항 삭제)

법관의 신분 보장을 강화하고 재판의 독립성과 중립성을 제고하기 위해 일반 법관의 임기제(10년, 연임)를 폐지함.

포. 법관 징계 종류 추가(안 제106조 제1항)

법관의 임기제 폐지를 보완하여 법관의 책임성을 담보하기 위해 법관의 징계 종류에 해임을 추가함.

호. 대법원 심사 대상 추가(안 제107조 제2항)

1) 지방의회가 제정하는 조례와 지방행정부의 장이 정하는 자치규칙의 헌법 또는 법률 위반 여부가 재판의 전제가 된 경우에는 대법원에 최종적인 심사권한이 있음을 명시함.

2) 행정재판권이 사법권의 한 내용이라는 해석이 확고한 상황에서 처분의 최종 심사권이 대법원에 있다고 규정할 실익이 없어 그 심사 대상에서 처분을 삭제함.

구. 헌법재판소 관장 사항 추가 등(안 제111조 제1항제6호 및 제7호)

1) 대통령 권한대행의 개시 및 대통령의 직무수행 가능 여부에 대한 판단을 헌법재판소에서 관장하도록 함에 따라 관장 사항에 추가함.

2) 향후 헌법재판소의 심판 수요에 효율적으로 대응할 수 있도록 관장 사항에 법률로 정하는 사항에 관한 심판을 추가하여 법률로 헌법재판소의 관장 사항을 확대할 수 있도록 함.

누. 헌법재판소 재판관 자격 개방 및 구성방식 변경(안 제111조 제2항·제3항 및 부칙 제5조 제2항)

1) 헌법재판소가 다양한 배경을 가진 인사로 구성될 수 있도록 하여 정책재판기관으로서의 기능을 강화하기 위해 헌법재판소 재판관의 자격 요건인 법관의 자격을 삭제함.

2) 대법원장의 인사권한을 합리적으로 조정하기 위해 헌법재판관 중 대법원장이 지명하던 3명을 대법관회의에서 선출하도록 함.

3) 개정 헌법 시행 당시 대법원장의 지명으로 임명된 헌법재판소 재판

관은 대법관회의에서 선출되어 임명된 것으로 봄.

두. 헌법재판소의 장 선임방법 변경(안 제111조 제4항)

1) 대통령의 권한을 합리적으로 분산하고 헌법재판소의 독립성을 강화하기 위해 대통령이 국회 동의를 받아 임명하던 헌법재판소의 장을 재판관 중에서 호선하도록 함.

2) 이로써 헌법재판소의 장의 임기는 헌법재판관의 잔여 임기에 한정되므로 헌법재판소의 장의 임기에 대한 그동안의 해석상 논란을 해소함.

루. 감사원의 독립기관화(안 제114조부터 제117조까지 및 부칙 제5조 제3항)

1) 감사원의 직무상 독립성을 강화하기 위해 현행 헌법 제4장 제2절 행정부의 제4관에서 규정하던 감사원 규정을 제7장으로 편제를 달리하여 독립기관으로 규정하고, 감사원은 독립하여 직무를 수행하도록 헌법상 명문화함.

2) 감사원은 원장을 포함한 9명의 감사위원으로 구성하며, 감사위원은 대통령이 임명하도록 하되, 그중 3명은 국회에서 선출하고, 3명은 대법관회의에서 선출하도록 함으로써 감사원 구성에서 국가권력 간의 균형을 도모함.

3) 감사원장은 감사위원 중에서 국회의 동의를 받아 대통령이 임명하도록 함으로써 독립기관의 장으로서 민주적 정당성을 제고하는 한편, 대통령의 인사권을 합리적으로 조정함.

4) 감사위원의 임기를 대법관이나 헌법재판소 재판관과 동일하게 6년으로 하되, 감사위원으로 재직 중인 사람을 감사원장으로 임명하는 경우 감

사원장의 임기를 둘러싼 해석상 논란을 없애기 위해 해당 감사원장의 임기는 감사위원으로서 남은 기간으로 명확히 규정함.

5) 감사원의 정치적 중립성을 확보하기 위해 헌법적 중립의무를 부과하고, 감사원 구성원의 신분상의 독립을 위해 감사위원은 탄핵되거나 금고 이상의 형을 선고받지 않고는 파면되지 않도록 함.

6) 감사원은 감사에 관한 절차, 감사원의 내부 규율과 감사사무 처리에 관한 규칙을 제정할 수 있도록 헌법상 명문으로 규정하여 감사원 조직 운영상의 자율권을 보장함.

7) 감사원을 헌법상 독립기관화함에 따라, 개정 헌법 시행 당시 감사원장, 감사위원은 개정 헌법에 따라 감사원장, 감사위원이 임명될 때까지 직무를 수행하며, 임기는 개정 헌법에 따라 감사원장, 감사위원이 임명된 날의 전날까지로 함.

무. 중앙선거관리위원회 위원 구성방식 변경(안 제118조 제2항 및 부칙 제5조 제4항)

1) 중앙선거관리위원회 위원 9명 중 종전에 대법원장이 지명하던 3명은 대법원장의 인사권을 축소하기 위해 대법관회의에서 선출하도록 하고, 그 외에 6명은 종전과 같이 대통령이 3명을 임명하고, 국회가 3명을 선출하도록 함.

2) 개정 헌법 시행 당시 대법원장이 지명한 중앙선거관리위원회 위원은 대법관회의에서 선출한 것으로 봄.

부. 선거운동의 자유 보장(안 제120조 제1항)

그간 균등한 기회 보장을 앞세워 선거운동을 지나치게 규제한 측면이 있었다는 점에 대한 반성적 고려에서, 선거운동은 누구나 자유롭게 할 수 있도록 하고, 후보자 간 공정한 기회를 보장하기 위해 필요한 경우에만 법률로 제한할 수 있도록 함.

수. 지방정부에 대한 주민참여 강화(안 제121조 제1항 및 제3항)

1) 실질적 지방민주주의의 실현을 위해 지방정부의 자치권이 주민으로부터 나온다는 것을 명시하고, 주민이 지방정부를 조직하고 운영하는 데 참여할 권리를 가짐을 명확히 함.

2) 주민들이 직접 지방정부의 부패와 독주를 견제할 수 있도록 주민발안, 주민투표 및 주민소환의 헌법적 근거를 신설함.

우. 지방정부에 관한 주요 사항의 법률 유보(안 제121조 제2항)

지방정부의 종류, 구역 등 지방정부에 관한 주요 사항을 법률로 정하도록 하여 국회가 시대 상황에 맞추어 지방정부의 종류와 구역 등을 탄력적으로 정할 수 있도록 함.

주. 보충성의 원칙 명시(안 제121조 제4항)

지방정부의 자치권을 실질적으로 보장하여 지방정부가 지역주민의 삶과 직결된 문제를 결정하는 지방분권이 확립될 수 있도록 국가와 지방정부 간, 지방정부 상호 간 사무의 배분은 주민에게 가까운 지방정부가 우선한다는 보충성 원칙에 따라 법률로 정하도록 함.

추. 지방정부 등 명칭 변경 및 자주조직권 부여(안 제122조 제2항)

1) 중앙과 지방이 종속적·수직적 관계가 아닌 독자적·수평적 관계라

는 것이 분명히 드러날 수 있도록 '지방자치단체'를 '지방정부'로, 지방자치단체의 집행기관 명칭을 '지방행정부'로 함.

2) 지방의회의 구성 방법, 지방행정부의 유형, 지방행정부의 장의 선임 방법 등 지방정부의 조직과 운영에 관한 기본적인 사항은 지방정부에 관한 주요 사항이기도 하므로 안 제121조 제2항과 같이 법률로 정하도록 하되, 지방정부가 스스로 적합한 조직을 구성할 수 있도록 구체적인 내용은 조례로 정하도록 함.

쿠. 자치입법권 강화(안 제123조)

1) 지역의 특색에 맞게 정책을 시행할 수 있는 기반을 마련하기 위해 지방정부의 자치입법권이 보다 폭넓게 보장되도록 '법령의 범위 안에서' 조례를 제정할 수 있도록 하던 것을 '법률에 위반되지 않는 범위에서' 조례를 제정할 수 있도록 자치입법권을 확대함.

2) 다만, 주민의 기본권이 침해되지 않도록 법률의 위임이 있는 경우에만 조례로 권리를 제한하거나 의무를 부과할 수 있도록 함.

3) 지방행정부의 장도 법률 또는 조례를 집행하기 위해 필요한 사항과 법률 또는 조례에서 구체적으로 범위를 정하여 위임받은 사항에 관하여 자치규칙을 정할 수 있도록 함.

투. 자치재정권 보장 및 재정조정제도 신설(안 제124조)

1) 정책 시행과 재원 조달의 불일치로 인해 중앙정부와 지방정부가 서로에게 재정 부담을 떠넘기는 문제를 해결하기 위해 지방정부는 자치사무의 수행에 필요한 경비를 스스로 부담하고, 국가 또는 다른 지방정부가 위임하

사무를 집행하는 경우 그 비용은 위임하는 국가 또는 다른 지방정부가 부담하도록 함.

2) 실질적 지방자치에 필수적인 재정 확보를 위해 법률에 위반되지 않는 범위에서 자치세의 종목과 세율, 징수 방법 등에 관한 조례를 제정할 수 있도록 하여 안 제123조 제1항 단서에 대한 특별규정을 둠으로써 지방정부의 자치재정권을 보장하고, 조세로 조성된 재원은 국가와 지방정부의 사무 부담 범위에 부합하게 배분하도록 함.

3) 한편, 이러한 자치재정권 보장이 지방정부의 재정을 악화시키거나 지역 간 재정격차 확대를 초래하지 않도록 국가와 지방정부 간, 지방정부 상호 간의 재정조정에 대한 헌법적 근거를 마련함.

푸. 경제민주화의 강화(안 제125조 및 제130조)

1) 경제민주화는 경제주체 간의 조화뿐만 아니라 상생을 통해서도 실현될 수 있으므로 경제민주화 조항에 '상생'을 추가함.

2) 골목상권 보호와 재래시장 활성화 등 소상공인의 보호가 주요 현안이 되고 있는 상황을 고려하여 중소기업의 개념에 포함되어 있던 소상공인을 별도로 분리하여 보호·육성 대상으로 명시함.

3) 양극화 해소, 일자리 창출 등 공동의 이익과 사회적 가치의 실현을 위해 상호협력과 사회연대를 바탕으로 경제활동이 이루어지는 사회적 경제가 활성화될 수 있도록 국가에 사회적 경제의 진흥 의무를 부과함.

후. 국토와 자원의 지속가능성 확보 의무 강화(안 제126조)

1) 국가가 국토와 자원의 이용·개발과 보전을 위해 필요한 계획을 수

립할 때 미래 세대의 이용가능성 등을 고려하도록 국가의 계획 수립 목적에 지속가능성에 관한 내용을 추가함.

2) 해양자원, 산림자원, 풍력 등은 원칙적으로 국가의 보호를 받으면서 제한적으로 특허될 수 있는 자원과 자연력에 포함됨을 추가로 명시함.

그. 토지공개념의 강화(안 제128조 제2항)

1) 토지공개념은 해석상 인정되고 있으나, 개발이익환수 등 토지공개념과 관련된 정책에 대해 끊임없이 논란이 있어왔음.

2) 사회적 불평등 심화 문제를 해소하기 위해 토지의 공공성과 합리적 사용을 위해 필요한 경우에만 법률로써 특별한 제한이나 의무를 부과할 수 있도록 토지공개념의 내용을 명시함.

느. 농어업의 공익적 기능 명시(안 제129조)

식량의 안정적 공급과 생태 보전 등 농어업이 갖는 공익적 기능을 명시하고, 국가가 이러한 공익적 기능을 바탕으로 농어촌의 지속가능한 발전과 농어민의 삶의 질 향상을 위한 지원 등에 대한 계획을 수립·시행하도록 함.

드. 소비자의 권리 강화(안 제131조)

기업에 비해 상대적으로 취약한 소비자의 권익을 위해 소비자의 권리를 국가가 보장하도록 하고, 국가가 보호하는 소비자보호운동을 보다 폭넓은 개념인 소비자운동으로 변경함.

르. 기초 학문의 장려(안 제134조 제1항)

그동안 비교적 취약했던 기초 학문 분야를 강화하기 위해 국가에 기초 학문 장려 의무를 부과함.

므. 헌법의 한글화 및 알기 쉬운 헌법

1) 알기 쉬운 법령 만들기 사업을 통하여 거의 모든 법령이 한글화되고 사회 각 분야에서도 문서를 알기 쉽게 쓰도록 장려되고 있는데도 대한민국의 가치와 질서를 상징하는 최고법이면서 최고의 공문서인 헌법이 여전히 한자로 표기되어 있는 것은 물론, 어렵고 고루한 한자어와 일본식 문투의 문장이 많이 사용되고 있음.

2) 「국어기본법」 제14조에 따르면, 국가기관은 공문서를 일반 국민이 알기 쉬운 용어와 문장으로 써야 하며, 어문규범에 맞추어 한글로 작성하도록 되어 있고, 「행정효율과 협업 촉진에 관한 규정」 제7조에 따르면 공문서는 어문규정에 맞게 한글로 작성하되 뜻을 정확하게 전달하기 위해 필요한 경우에는 괄호 안에 한자 등을 함께 적을 수 있도록 되어 있으므로, 현행 헌법을 이와 같은 법령의 취지에 맞춰 한글화하고 알기 쉽게 고칠 필요가 있음.

3) 한자로 적혀 있는 헌법을 전부 한글화하면서 가능한 한 능동형의 자연스러운 문장이 되게 하고, '않는다', '해야 한다' 등의 준말을 사용하여 친숙한 문장이 되도록 함.

4) '證據湮滅의 염려'를 '증거를 없앨 염려'로, '助力'을 '도움'으로 바꾸는 등 한자어는 가능하면 우리말로 풀어 쓰면서 '영전(榮典)', '의사자(義死者)', '부서(副署)' 등 어렵거나 이중적 의미를 가질 수 있는 일부 한자어는 한자를 괄호 안에 함께 적음.

5) '의하여'를 '따라'로, '에 있어서'를 '에서'로 하거나 습관적으로 쓰이는 '인하여'를 최대한 배제하고 '國民全體에 대한 奉仕者이며'와 같은 명사

형 문투 대신 '국민 전체에게 봉사하며'와 같은 동사형 문투를 사용하는 등 일본식의 문투를 편하고 활력 있는 우리 식의 문투로 바꿈.

6) 법령용어로서 의미가 굳어지거나 변경할 경우 의미가 바뀌거나 해석에 혼란을 가져올 수 있는 부분들은 현행을 존중하는 등 최대한 현실적인 수준에서 한글화와 알기 쉬운 헌법이 되게 함.

브. 시행일 및 시행 전 사전준비 등(안 부칙 제1조 및 제2조)

1) 기본권 강화, 지방분권 확대 등이 즉시 적용되도록 개정 헌법은 공포한 날부터 시행하도록 함. 다만, 법률이 제정·개정되지 않으면 실현될 수 없는 규정은 그 법률이 시행되는 때부터 시행하도록 하되, 입법의 지연으로 해당 규정의 시행이 무한정 지연되는 것을 방지하기 위해 늦어도 2020년 5월 30일에는 해당 규정이 시행되도록 함.

2) 개정 헌법을 시행하기 위해 필요한 법률의 제정, 개정, 그 밖에 개정 헌법의 시행에 필요한 준비를 시행 전에도 할 수 있도록 함.

3) 개정 헌법이 시행되기 전까지는 그에 해당하는 종전의 규정을 적용하도록 함.

스. 대통령 선거와 지방선거 동시 실시(안 부칙 제4조)

빈번한 전국선거로 인한 국력 낭비를 방지하고, 국회의원 선거가 중간평가의 역할을 하는 보다 합리적인 정치제도를 마련하기 위해 2018년 6월 13일에 실시하는 지방선거와 그 보궐선거 등으로 선출된 지방의회 의원과 지방자치단체의 장의 임기를 2022년 3월 31일까지로 하고, 그 후임자에 관한 선서는 내동팅 선거와 동시에 실시하도록 함.

검찰개혁은 박성오

마지막 민정수석실
선임행정관의 검찰개혁 일지

박성오 지음

ⓒ 박성오, 2023

초판 1쇄 인쇄일 2023년 12월 11일
초판 1쇄 발행일 2023년 12월 15일

ISBN 979-11-5706-324-6 (03340)

만든 사람들

책임편집	에디터스랩
디자인	푸른나무디자인
홍보 마케팅	최재희 신재철 김예리
인쇄	㈜예인미술

펴낸이	김현종
펴낸곳	㈜메디치미디어
경영지원	이민주 김도원
등록일	2008년 8월 20일 제300-2008-76호
주소	서울시 중구 중림로7길 4, 3층
전화	02-735-3308
팩스	02-735-3309
이메일	editor@medicimedia.co.kr
페이스북	facebook.com/medicimedia
인스타그램	@medicimedia
홈페이지	www.medicimedia.co.kr

이 책에 실린 글과 이미지의 무단전재·복제를 금합니다.
이 책 내용의 전부 또는 일부를 재사용하려면
반드시 출판사의 동의를 받아야 합니다.
잘못된 책은 구입처에서 교환해드립니다.